MÚSICA CLAVE C

SECUNDÀRIA

José Palazón Herrera
Miguel Ángel López Ballester
Raquel Cavas Hernández
José Luis Salas Martínez
José Antonio Herrera Alajarín

McGraw Hill Education

MADRID · BUENOS AIRES · CARACAS · GUATEMALA · LISBOA · MÈXIC
NOVA YORK · PANAMÀ · SAN JUAN · BOGOTÀ · SÃO PAULO · AUCKLAND
HAMBURG · LONDRES · MILÀ · MONT-REAL · NOVA DELHI · PARÍS
SAN FRANCISCO · SYDNEY · SINGAPUR · SAINT LOUIS · TÒQUIO · TORONTO

TAULA DE CONTINGUTS

PRELUDI 6

1. Preludi rítmic 8
2. Preludi melòdic 10
3. Preludi concertístic 12

UNITAT 1 14
La música i els mitjans de comunicació

1. La música i els mitjans de comunicació 16
2. Grans compositors: Bach 22
3. Interpretem melodies conegudes: *Cuéntame* 23
4. *Batucada:* el txa-txa-txa 24
5. A cor: *Siyahamba* 26
6. Tècnica instrumental: arpegis en la flauta 27
7. En acústic amb Wim Mertens 28
8. Concert: *Veus del planeta* 30
9. Taller de danses del món: Romania, *hora romaneasca* 33

Quadre resum 34
Activitats finals 36

UNITAT 2 38
Músiques del segle XXI

1. Músiques del segle XXI 40
2. Grans compositors: Mozart 46
3. Interpretem melodies conegudes 47
4. *Batucada:* percussió corporal (I) 48
5. A cor: *Schuwi dua* 50
6. Tècnica instrumental: intervals en làmines 51
7. En acústic: el fandango 52
8. Concert: *Electronic music* 54
9. Taller de danses del món: l'Índia, coreografia a l'estil de Bollywood 57

Quadre resum 58
Activitats finals 60

UNITAT 3 62
El musical

1. El musical 64
2. Grans compositors: Beethoven 68
3. Interpretem melodies conegudes: *El fantasma de l'òpera* 69
4. *Batucada:* percussió corporal (II) 70
5. A cor: *Summer nights (Grease)* 72
6. Tècnica instrumental: articulacions en la flauta 73
7. En acústic amb Richard Rodgers 74
8. Concert: *Clàssics del musical* 76
9. Taller de danses del món: Irlanda, giga 79

Quadre resum 80
Activitats finals 82

UNITAT 4

De professió: músic

84

1. De professió: músic 86
2. Grans compositors: Txaikovski 92
3. Interpretem melodies conegudes: *Els xics del cor* 93
4. *Batucada:* ritme i veu 94
5. A cor: *Balaio* 96
6. Tècnica instrumental: ritmes en làmines 97
7. En acústic amb The Police 98
8. Concert: *Con-fusión* 100
9. Taller de danses del món: els EUA, el xarleston 103
Quadre resum 104
Activitats finals 106

UNITAT 5

La producció musical

108

1. La producció musical 110
2. Grans compositors: Debussy 118
3. Interpretem melodies conegudes: *Yesterday* 119
4. *Batucada:* percussió corporal (III) 120
5. A cor: *Un mundo ideal* 122
6. Tècnica instrumental: alteracions en la flauta 123
7. En acústic amb David Lanz 124
8. Concert: *L'elecció de Freia* 126
9. Taller de danses del món: *Rad Halaila* 129
Quadre resum 130
Activitats finals 132

UNITAT 6

La música i les arts escèniques

134

1. La música i les arts escèniques 136
2. Grans compositors: Falla 142
3. Interpretem melodies conegudes: *I Want to Break Free* 143
4. *Batucada:* percussió corporal (IV) 144
5. A cor: *Good night, sweetheart* 146
6. Tècnica instrumental: canvis de compàs en làmines 147
7. En acústic: *La Perla Negra* 148
8. Concert: *Altair* 150
9. Taller de danses del món: Armènia, *Garun* 153
Quadre resum 154
Activitats finals 156

TALLER DE MÚSICA I TECNOLOGIES

158

1. Treballem amb el TrakAx 158
Casos pràctics 162
2. Música i aplicacions mòbils 163
Casos pràctics 168

COM S'UTILITZA AQUEST LLIBRE

Presentació de la unitat

Ací trobaràs els continguts de què tractarem.

A més et recomanem webs, llibres i espectacles.

Desenvolupament de continguts

CURSOS PRÀCTICS

Apliquen el que s'ha après sobre teoria i història musical a la pràctica amb instruments i la veu.

ACTIVITATS

Permeten treballar els continguts a mesura que es van explicant i asseguren un aprenentatge progressiu.

ICONOGRAFIA

Una exposició clara i concisa de la teoria, acompanyada de requadres que ajuden a comprendre els aspectes més importants.

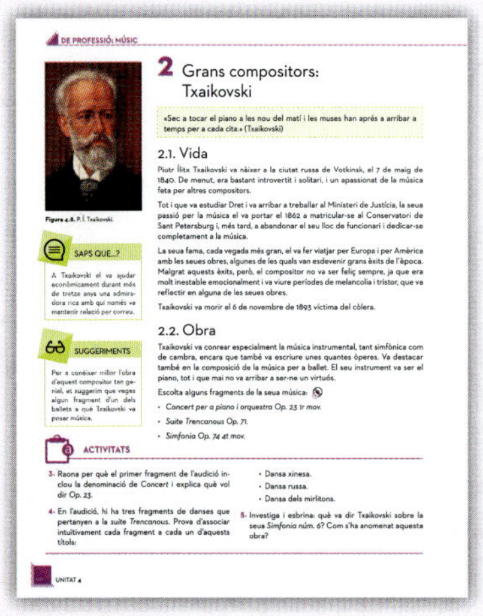

SAPS QUE...

WEB DE RECURSOS

CURIOSITATS

PER A SABER-NE MÉS

Amplien l'execució de processos apresos i els reforcen.

Tancament d'unitat

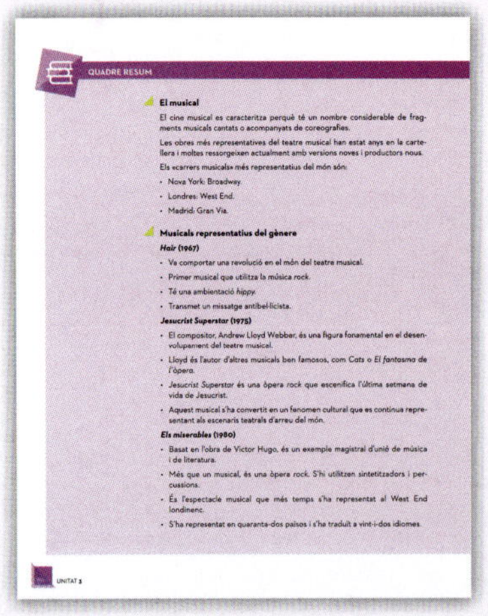

QUADRE RESUM

Hi recordem els conceptes bàsics que has après en la unitat.

ACTIVITATS FINALS

Exercicis de repàs individual i en grup per a comprovar què has après.

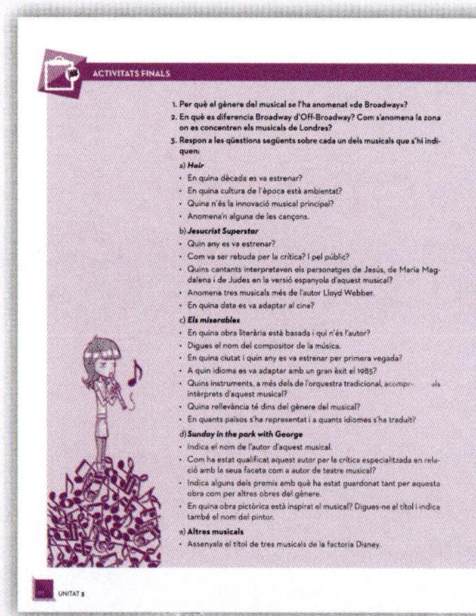

CD d'audicions

S'hi inclouen tres CD d'àudio que contenen nombroses audicions il·lustratives que serveixen per a exemplificar-te els continguts, i també perquè els repasses, els practiques i els comprengues.

Cada CD té un color representatiu que t'ajudarà a localitzar-hi l'audició.

Material complementari

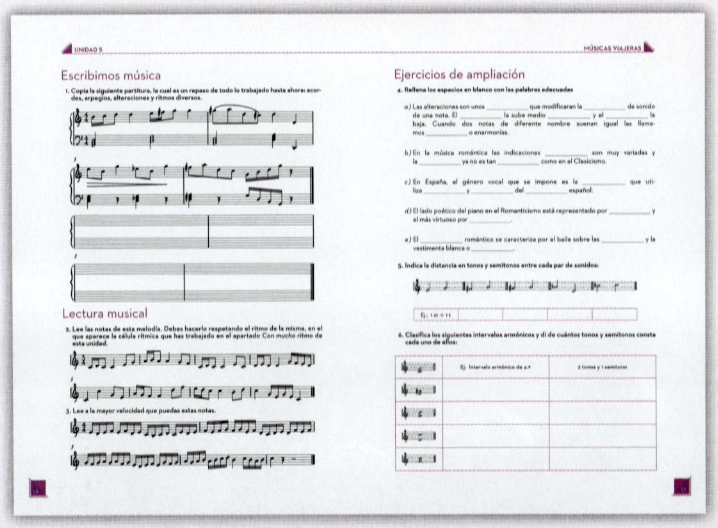

El material del projecte de **Música Clave C** no és tan sols el llibre de l'alumne. Per ajudar-te a estudiar, hem preparat uns quants **materials complementaris.**

LLIBRE DE TREBALL

Hi podràs fer totes les activitats plantejades en aquest llibre. A més, et permetrà reforçar o aprofundir els diversos aspectes de la unitat per mitjà d'activitats extres.

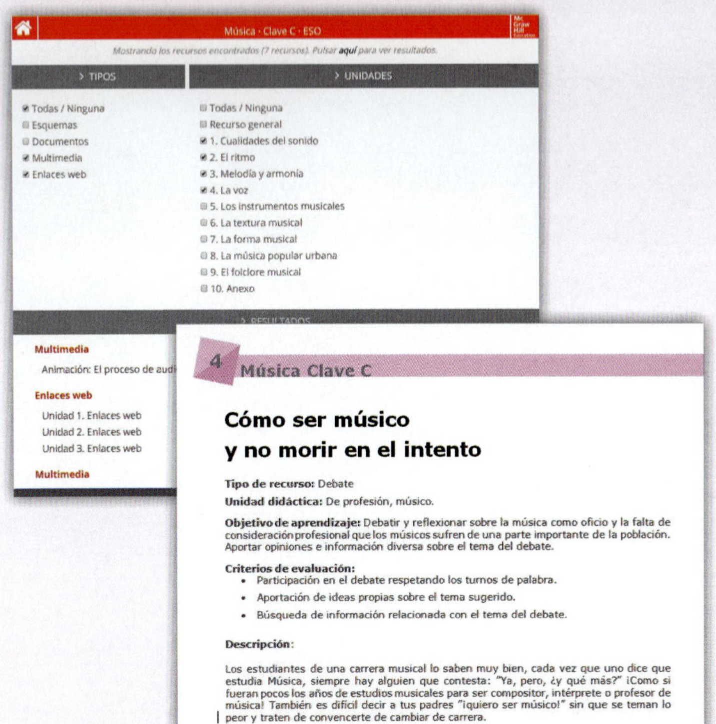

WEB DE RECURSOS CEO

Material complementari ideat com a suport per a l'estudi. En el web trobaràs partitures extres, articles musicals...

www.mhe.es/secundaria/musica

PRELUDI

Benvinguts a la nostra unitat introductòria *Preludi*, en què es fa un repàs breu d'alguns dels elements que hem practicat en cursos anteriors.

Així, en *Preludi rítmic* repassarem cèl·lules treballades anteriorment sobre acompanyaments d'estil ètnic ben interessants.

En *Preludi melòdic* interpretarem la composició *Halong Bay*, de caire oriental, i *Dolphin Travel*, d'estil *chill-out*.

Finalment, acabarem la unitat interpretant amb la flauta i els instruments de làmines la peça *Música per al dalai-lama*, en què ens acompanyarà una orquestra simfònica i els cants harmònics dels lames tibetans.

1 Preludi rítmic

En aquest apartat, repassaràs cèl·lules rítmiques ja treballades en cursos anteriors. Practicarem ritmes senzills sobre bases d'acompanyament enregistrades, en què descobriràs instruments de diferents parts del món.

1. Interpreta l'exercici següent amb palmades o alternant les mans sobre els genolls. Primer de tot, lentament i, després, fent servir l'acompanyament enregistrat, en què podràs escoltar la **flauta nativa americana** (Figura 0.1), el ***maktá*** i el **didjeridú.**

Figura 0.1. Flauta nativa americana.

Figura 0.2. Tables indis.

Figura 0.3. Tambura.

2. En l'exercici següent practicaràs sobre una base de música hindú, en què podràs escoltar, entre altres, el **tambura** (Figura 0.3) i els **tables** (Figura 0.2), instruments molt utilitzats en la música clàssica de l'Índia.

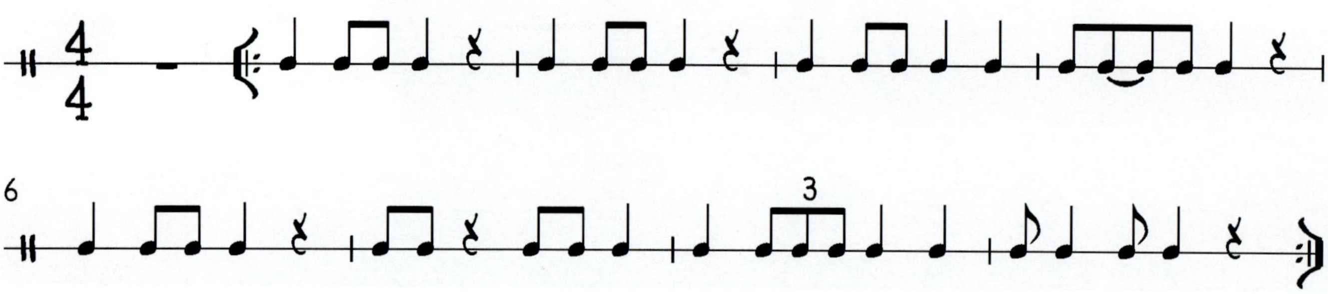

3. A continuació, practica la seqüència rítmica següent, en què t'acompanyarà un grup d'autèntics tambors ***baktá,*** mentre un **balàfon** (Figura 0.4) executa una melodia amb el mateix ritme de l'exercici.

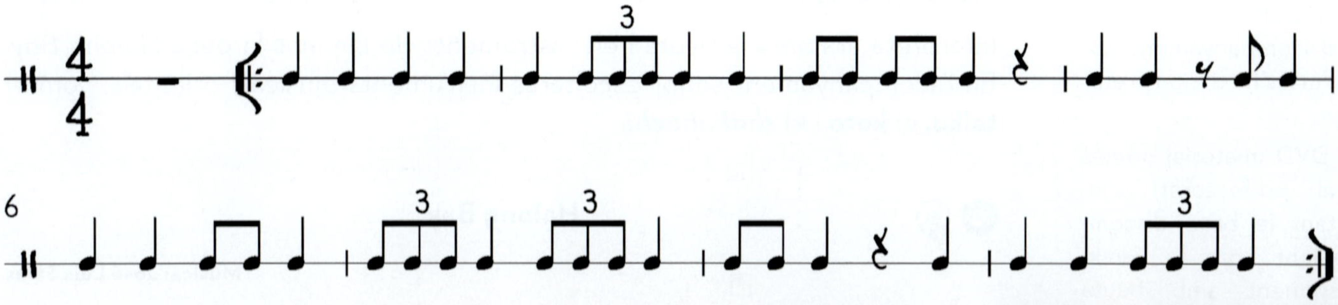

Figura 0.4. Balàfon.

Figura 0.5. Kora.

4. Finalment, interpreta, amb els palmells sobre els genolls o amb els bongos, l'exercici següent. En la base sonora d'acompanyament escoltaràs un instrument típic africà, la **kora** (Figura 0.5).

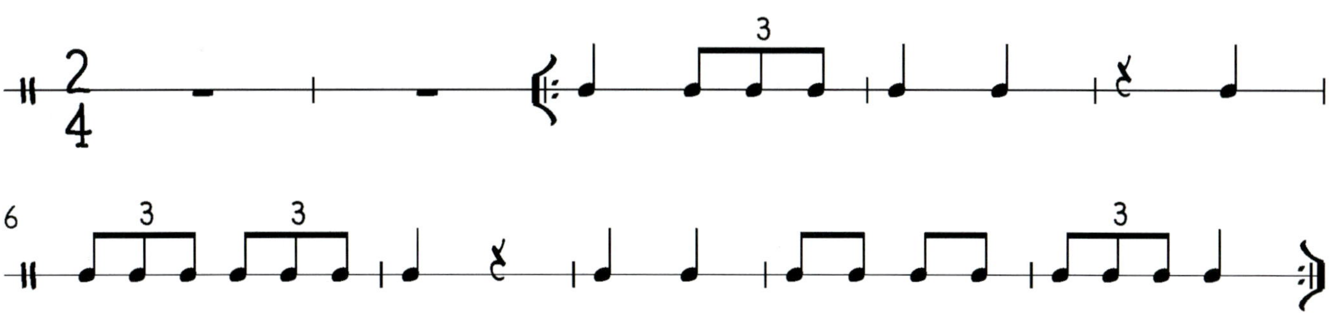

CD ÀUDIO / DVD PROFESSOR

En el CD trobaràs la base musical d'acompanyament sobre la qual s'ha d'interpretar la peça.

En el DVD (material només per al professorat) s'inclou tant la base d'acompanyament com la versió corresponent amb flauta i instruments de làmines Orff. Aquesta última és la que hi ha referenciada en la icona.

2 Preludi melòdic

Halong Bay

Interpreta ara amb la flauta i els instruments de làmines la peça *Halong Bay*. En l'acompanyament sonor escoltaràs instruments musicals orientals, com el **taiko,** el **koto** i el ***shakuhachi.***

Halong Bay

Música: José Luis Salas

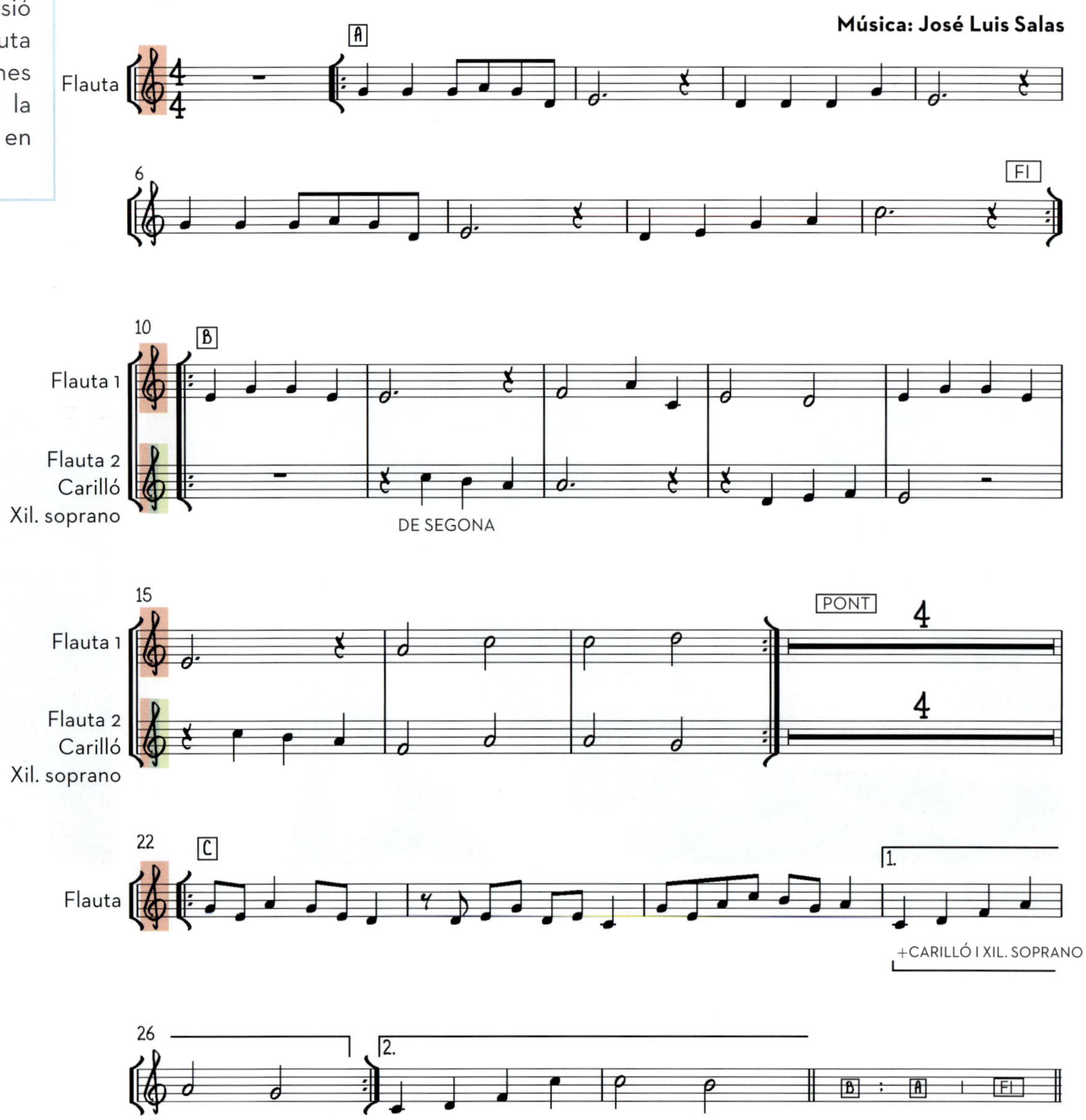

Dolphin Travel

Continuem amb una composició d'estil *chill-out*, caracteritzat principalment perquè s'hi fan servir ritmes relaxants en què s'entremesclen gèneres molt diferents, com el *techno*, la música clàssica, la música *house*, etc. Aquest tipus de música té com a objectiu fer relaxar la persona que l'escolta i transmetre sentiments de tranquil·litat.

Dolphin Travel

Música: José Luis Salas

CD ÀUDIO / DVD PROFESSOR

En el CD trobaràs la base musical d'acompanyament sobre la qual s'ha d'interpretar la peça.

En el DVD (material només per al professorat) s'inclou tant la base d'acompanyament com la versió corresponent amb flauta. Aquesta última és la que hi ha referenciada en la icona.

3 Preludi concertístic

Música per al dalai-lama

Acabem el nostre *Preludi* interpretant una peça simfònica titulada *Música per al dalai-lama*. Es tracta d'una composició del tipus BSO, en què us acompanyarà una orquestra simfònica barrejada amb **cants harmònics** interpretats per lames tibetans.

Quan escoltes l'acompanyament enregistrat, t'adonaràs que aquesta peça conté diferents canvis de *tempo*; per això, hauràs d'anar molt alerta amb aquests canvis a l'hora de tocar aquesta composició amb la flauta i els instruments de làmines.

Música per al dalai-lama

Figura 0.6. El taiko és un tambor gros originari del Japó. Es toca amb uns pals de fusta *(bachi)* i, de vegades, els intèrprets executen una coreografia mentre el toquen. La sonoritat del tambor és molt greu i es fa servir sovint en les BSO.

CD ÀUDIO / DVD PROFESSOR

En el CD trobaràs la base musical d'acompanyament sobre la qual s'ha d'interpretar la peça.

En el DVD (material només per al professorat) s'inclou tant la base d'acompanyament com la versió corresponent amb flauta i instruments de làmines Orff. Aquesta última és la que hi ha referenciada en la icona.

Figura 0.7. Tenzin Gyatso, dalai-lama actual, líder espiritual del Tibet.

1 LA MÚSICA I ELS MITJANS DE COMUNICACIÓ

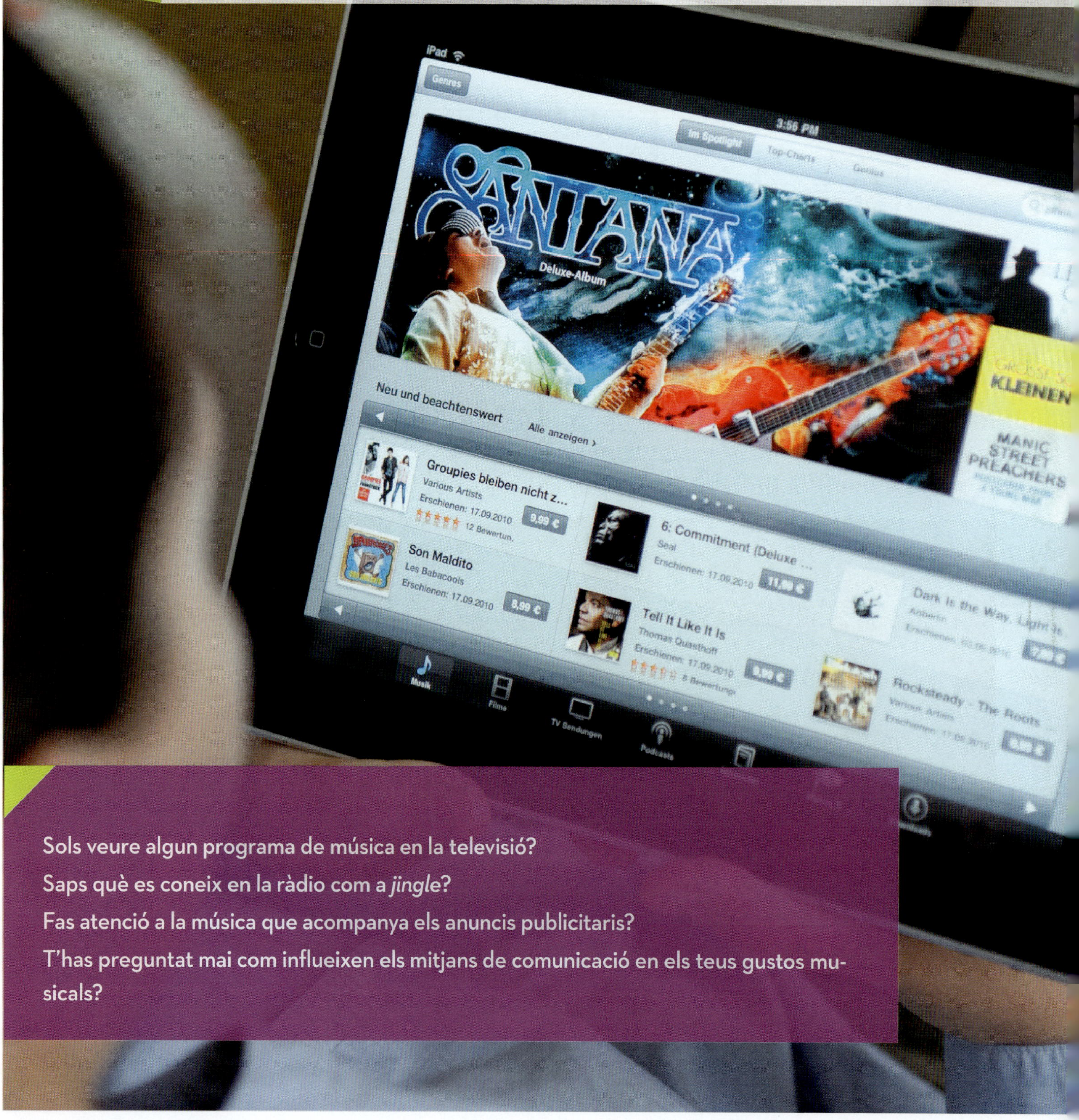

Sols veure algun programa de música en la televisió?

Saps què es coneix en la ràdio com a *jingle*?

Fas atenció a la música que acompanya els anuncis publicitaris?

T'has preguntat mai com influeixen els mitjans de comunicació en els teus gustos musicals?

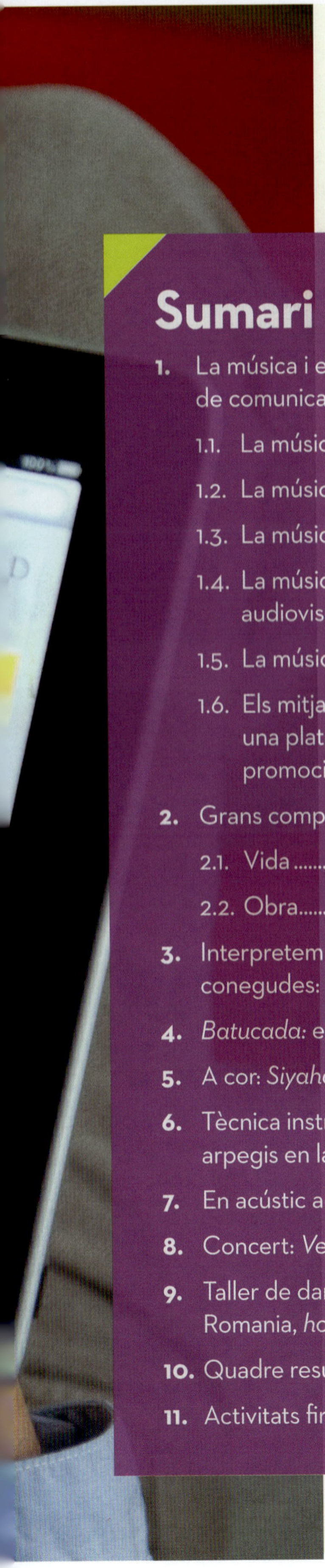

Sumari

1. La música i els mitjans de comunicació 16
   - 1.1. La música en la televisió 16
   - 1.2. La música en la ràdio 18
   - 1.3. La música en la premsa 19
   - 1.4. La música i altres mitjans audiovisuals 19
   - 1.5. La música i la publicitat 20
   - 1.6. Els mitjans de comunicació: una plataforma per a la promoció musical 21
2. Grans compositors: Bach 22
   - 2.1. Vida 22
   - 2.2. Obra 22
3. Interpretem melodies conegudes: *Cuéntame* 23
4. *Batucada:* el txa-txa-txa 24
5. A cor: *Siyahamba* 26
6. Tècnica instrumental: arpegis en la flauta 27
7. En acústic amb Wim Mertens 28
8. Concert: *Veus del planeta* 30
9. Taller de danses del món: Romania, *hora romaneasca* 33
10. Quadre resum 34
11. Activitats finals 36

Una revista musical

Rolling Stone

És una de les revistes musicals més veteranes. Fundada als EUA el 1967, està dedicada a la música i la cultura popular. En les seues portades han eixit els artistes musicals més representatius de les últimes dècades. L'edició espanyola es va crear el 1999, i hi figuren articles locals i traduccions de textos de la revista editada en anglés.

Un programa de ràdio

Los conciertos de Radio3

Programa musical en què grups nacionals i internacionals actuen en directe. Per aquest escenari han passat tant figures consagrades com artistes nous. Quant a l'estil musical, està obert a tota mena de músiques, des del *rock* fins al flamenc, passant pel pop, la psicodèlia, el *rap*, el *punk*, el *folk* o la *world music*. S'emet també per La 2 i el Canal Internacional de RTVE.

Un programa de televisió

Mapa sonoro

Programa musical amb estètica de *road movie* que rastreja les propostes més estimulants del panorama actual. Centrat en el pop i el *rock* independents, no descuida altres estils com el *hip-hop*, la música electrònica, el flamenc, la cançó d'autor o el *folk*. Actualment pots veure'l en RTVE.es/A la Carta: **http://www.rtve.es/television/mapa-sonoro.**

1 La música i els mitjans de comunicació

En la societat actual, els mitjans de comunicació de massa (*mass media*) han adquirit una gran rellevància; de fet, la major part de la informació que tenim l'obtenim a través seu. Podríem dir, fins i tot, que els *mass media* han modificat la nostra manera de construir el saber, la manera de conéixer i d'aprendre.

La presència de la música en la televisió, el cine, la ràdio, la publicitat, Internet o la possibilitat d'escoltar música en el telèfon mòbil i els reproductors d'MP3, entre altres, han fet possible que la música impregne tots els àmbits de la nostra societat. Per tant, no hi ha dubte que els mitjans de comunicació tenen una influència decisiva en la difusió de la música i en els hàbits de consum musical. Al llarg d'aquesta unitat analitzarem com és la relació de la música amb alguns d'aquests mitjans de comunicació i les seues repercussions en les modes i les tendències musicals.

1.1. La música en la televisió

Figura 1.1. El preludi de l'obra *Te Deum* de Charpentier ha estat la sintonia del festival d'Eurovisió des de l'inici, el 1956.

La música està present en el mitjà televisiu pràcticament des de l'origen i acompleix, en qualsevol producció audiovisual, una sèrie de funcions, com ara: aportar informació, captar l'atenció de l'espectador, potenciar un estat d'ànim determinat o mantenir el flux i la continuïtat de l'acció. En aquest mitjà de comunicació, podem trobar-la de maneres molt diverses:

- **Sintonia** de diferents espais televisius (Fig. 1.1): la seua funció és caracteritzar de manera inequívoca un programa o una producció audiovisual, avisant de l'inici, del final o dels canvis de secció. Qualsevol programa de televisió, independentment del contingut (informatiu, documental, sèrie, concurs, *reality*, etc.) té la seua pròpia sintonia.
- **Programes específicament musicals:** tant de referits al panorama musical actual, en què podem veure actuar els grups i els cantants del moment, com d'especialitzats en diferents estils musicals (música clàssica, pop, *jazz*, etc.), a més de concerts i festivals musicals en directe. També trobem programes del tipus concurs amb una finalitat de promoció comercial. Finalment, no s'ha d'oblidar l'existència de cadenes televisives –d'emissió digital o per cable– destinades, íntegrament, a continguts musicals (per exemple: MTV, Sol Música, 40 TV, 40 Latino o Mezzo TV).
- **Música de fons,** que crea un ambient determinat en programes de qualsevol tipus, però principalment d'entreteniment (com ara xous d'impacte, *late nights*, programes del cor, etc.): s'hi fa servir la música d'una manera menys evident. A més, molts d'aquests programes s'emeten en directe, fet que obliga el músic a improvisar de vegades una melodia i, fins i tot, efectes de so.
- **Banda sonora** de dibuixos animats, telefilms i sèries televisives: la seua funció és semblant a la que desenvolupa la música en el cine. Així, per exemple, la música contribuirà a crear una atmosfera determinada, explicar sentiments

dels personatges, recrear una època o un lloc, cohesionar diferents escenes, produir efectes de so, etc.

- **Videoclips:** són vídeos musicals la finalitat dels quals és la promoció comercial d'un cantant o d'un grup musical. Alguns arriben a ser autèntics curtmetratges amb música.
- **Anuncis publicitaris:** la música també ha adquirit un gran protagonisme en el món de la publicitat, gràcies al gran potencial que té per a acostar el producte al consumidor.
- **Programes de varietats amb actuacions musicals** (Fig. 1.2): no són específicament musicals, però inclouen actuacions en directe i en *playback*.

Figura 1.2. El cantant Lenny Kravitz en el programa *El Hormiguero*.

ACTIVITATS

1. Elabora una llista amb els programes musicals de l'actual graella televisiva de les principals cadenes i analitza'n el contingut musical.

Nom del programa	*Cadena de televisió*	*Dia i hora d'emissió*	*Contingut musical*

2. Reflexiona sobre les dades que hages obtingut en l'activitat anterior i respon raonadament a les qüestions següents:

- Consideres que n'hi ha prou, de programes televisius específicament musicals?
- Et sembla que l'oferta musical dels programes actuals és variada?
- Quin tipus de programa musical t'agradaria trobar en la televisió?

8 **3.** Escolta l'audició, que conté fragments de diverses sintonies de programes de televisió, i identifica amb quin dels tipus de programa següents es corresponen:

- Informatiu
- Documental
- Sèrie televisiva
- Sèrie d'animació
- *Reality*
- Esdeveniment esportiu

4. Busca —a casa, a la biblioteca, etc.— dos temes musicals adequats per a utilitzar-se com a sintonia per a dos dels tipus de programes de l'activitat anterior i raona per què els has triat.

5. Moltes de les actuacions musicals que s'emeten en televisió són en *playback*. A què penses que es deu? Quina és la teua opinió sobre això?

1.2. La música en la ràdio

La relació entre música i ràdio és tan estreta que difícilment podríem concebre una ràdio sense música. Igual que en la televisió, el mitjà radiofònic està ple de mostres musicals, siga en forma de sintonies, de música de fons, en anuncis publicitaris, etcètera.

Un element musical molt important en el format radiofònic és l'anomenada **melodia publicitària** o ***jingle*** (efecte sonor o fragment melòdic molt breu a manera d'eslògan). S'utilitza per a caracteritzar una emissora radiofònica determinada o un programa musical. Per això, ha de ser apegalosa i fàcilment identificable.

Quant a la **programació** musical radiofònica, hi ha, d'una banda, l'anomenada *ràdio generalista*, amb espais molt variats (d'informació, d'entreteniment, etc.) que inclou en la graella programes de caràcter musical i, de l'altra, les emissores que basen la seua programació en continguts musicals, com és el cas de Los 40 principales, Cadena Dial (amb música només en castellà), Cadena100, Kiss FM, Europa FM, les emissores públiques Radio Clásica i Radio3, i també multitud de ràdios locals.

En general, hi predomina l'ús de la **radiofórmula musical,** format basat en una llista d'èxits d'actualitat, encara que també hi ha un altre tipus de **programes especialitzats** (de *blues*, *jazz*, pop, música clàssica, etc.), en què s'emeten estils molt específics de música i proporcionen informació sobre concerts, novetats discogràfiques, biografies dels artistes, concursos, etc. Actualment, una fórmula nova molt estesa és la de combinar èxits d'ahir i de hui.

Les **emissores** musicals privades se solen finançar amb la publicitat i amb els ingressos que els proporcionen les productores discogràfiques per promocionar els seus artistes, per la qual cosa tenen un caire comercial ben marcat. En les emissores públiques, en canvi, no és tan accentuat aquest aspecte, i tendeixen a un enfocament més cultural que ens permet conéixer tendències musicals menys comercials, com el *jazz*, la música ètnica, el *folk*, la música alternativa o el flamenc, en el cas de Radio3, o la música clàssica en Radio2.

SAPS QUE...?

Les llistes d'èxits

S'han convertit en un mitjà de promoció musical ben poderós al servei de les productores discogràfiques. A Espanya, una de les més conegudes és Los 40 principales, nascuda també en els anys seixanta.

PER A SABER-NE MÉS

El format podcast ha revolucionat la manera d'escoltar la ràdio, ja que ens permet triar on i quan volem sentir la nostra música favorita. Un podcast és un fitxer d'àudio gravat d'un programa, a què et pots subscriure i que et pots baixar per a escoltar-lo en qualsevol moment. Pots trobar-hi des de programes de ràdio ben coneguts fins a propostes independents molt interessants.

ACTIVITATS

6. Una opció magnífica d'escoltar programes de ràdio prové dels podcasts. Entra en la pàgina de Radio Televisión Española (http://www.rtve.es) i fes les activitats següents.

a) Fes clic en el menú *Radio* i, a continuació, tria l'opció *Podcasts*. A la part dreta observaràs que els podcasts es presenten classificats per gèneres. Tria l'opció *Música*. Selecciona un programa qualsevol per a contestar l'apartat següent.

b) Una vegada seleccionat un programa de música, fes una fitxa sobre algun títol concret, que presentaràs en classe amb les dades següents:

- Qui presenta el programa i de què tracta?
- Descarrega l'àudio del programa, escolta'l i fes un resum breu del contingut.

1.3. La música en la premsa

La música també està present en la premsa. Així, els diaris –tant de tirada nacional com local– solen dedicar un espai, en les seccions culturals, per a informar sobre els esdeveniments musicals més importants del moment (concerts, festivals i altres), promocionar productes discogràfics nous, entrevistar personatges del món de la música o fer crítiques musicals.

A més, hi ha una gran varietat de **revistes especialitzades,** en format digital o en paper, en diferents àmbits musicals. Ací en tens només alguns exemples:

- **Música clàssica:** *Scherzo, Melómano, Ópera Actual, Ritmo.*
- **Actualitat musical** d'estils variats: *Rolling Stone, Rockdelux, MondoSonoro, Efe Eme*. Algunes de més específiques d'un estil musical concret: *rock (Ruta 66, RockZone* i *La Heavy), hip-hop (Hip hop Life)* o música alternativa *(IndyRock Magazine).*
- ***Jazz* i *blues*:** *Cuadernos de Jazz.*
- **Flamenc:** *De flamenco* i *Al aire y a compás.*
- **El món de la guitarra:** *Guitarrista* i *Acordes de guitarra.*
- **Tecnologia musical:** *Future Music* i *Computer Music* (portal Sonicplug).

D'altra banda, també hi ha publicacions més comercials dedicades al panorama musical del moment i dirigides principalment als adolescents (com *Super Pop* o *Bravo*), i també revistes associades a alguns programes musicals de ràdio i televisió (*La Revista 40*).

CURIOSITATS

Segons un estudi dut a terme per l'OCTA (Observatori de Continguts Televisius i Audiovisuals), associació que vetla pels drets de la infància i la joventut pel que fa als mitjans de comunicació, les revistes musicals de caràcter juvenil espanyoles no obtenen l'aprovat. Segons aquest estudi, aquestes publicacions «tenen un valor informatiu limitat i aprofundeixen més la vida íntima dels artistes que la seua faena.»

1.4. La música i altres mitjans audiovisuals

El segle XXI es caracteritza per una omnipresència dels mitjans audiovisuals en la societat.

La música té una relació més que directa amb l'audiovisual, no sols amb els mitjans «tradicionals» (com la televisió, la ràdio, etc.), sinó també amb Internet, amb el que es coneix com a «web audiovisual».

El desenvolupament experimentat pel món dels videojocs ha anat acompanyat d'una gran evolució en la música que s'hi inclou, de manera que ja hi ha qui parla del naixement d'un gènere musical nou.

Així, podem trobar des de la utilització d'efectes de so simples (successió de *bips* o motius melòdics curts) més freqüents en videojocs del tipus arcade, fins a efectes que imiten o reprodueixen sons reals (naus espacials, armes, colps o bacs), música de fons que acompanya els moviments del protagonista, temes musicals que serveixen de sintonia, ús de músiques conegudes, etc.

Les bandes sonores dels videojocs actuals tendeixen a emular la música de cine amb tant d'èxit que algunes es venen en CD separades del videojoc, s'interpreten en concerts en directe i, fins i tot, podem escoltar-les en algunes emissores de ràdio.

Figura 1.3. Una mostra de la relació de la música i els videojocs.

SAPS QUE...?

El 10 de maig del 2004 es va fer, en el Walt Disney Concert Hall, un concert amb música del videojoc *Final Fantasy* interpretat per l'Orquestra Filharmònica de Los Angeles.

Figura 1.4. Justino, protagonista de la campanya publicitària de la Loteria de Nadal 2015. En l'anunci, que no té diàlegs, la música esdevé un element clau per a contar la història i l'evolució del personatge. La cançó, titulada *Nuvole bianche*, està composta per Ludovic Einaudi i arranjada per Joan Martorell.

1.5. La música i la publicitat

Vivim en una societat de consum. Així, doncs, no és gens estrany que les empreses hagen vist en la publicitat la manera més eficaç de fer arribar els seus productes al consumidor. De fet, tots els mitjans de comunicació dediquen una part important del seu temps d'emissió a la publicitat, en la qual han trobat una **font de finançament** molt suculenta.

Si analitzem anuncis publicitaris, siga en televisió, ràdio o Internet, observem que, en la majoria, la música té un paper molt important. Potser, on més es pose això de manifest siga en el mitjà televisiu, en què el 90 % dels anuncis contenen algun tipus de música. Aquesta dada reflecteix la importància de l'acompanyament musical en publicitat per a transmetre el missatge publicitari i reforçar l'impacte visual de les imatges. Però la recerca de la banda sonora perfecta per a un espot de vint segons no és una tasca fàcil.

La tria del tipus de música més adequat dependrà de diversos factors: tipus de producte, sector de públic a qui va dirigit (*target*), franja horària en què s'emet, etc. Alguns dels **recursos** més utilitzats en publicitat són:

- L'ús de **melodies ja conegudes** com a banda sonora de l'anunci: des de la música clàssica fins a l'últim èxit discogràfic, siga la música original (*master* o *fono*) o una versió d'aquesta (*cover*), o adaptant la música o la lletra de la cançó.
- Utilització de ***jingles* originals** (fragments melòdics breus de caràcter apegalós), com a acompanyament de l'eslògan publicitari.
- **Banda sonora** creada especialment per a l'anunci (a la manera de la música incidental del cine).
- **Efectes de so** que reforcen l'efecte visual.
- **Llibreria de música** (*music library*): catàleg en què els fitxers sonors no tenen drets d'autor vigents, per la qual cosa poden ser utilitzats de manera gratuïta i lliure per les agències publicitàries.

SAPS QUE...?

La importància de la música en la publicitat televisiva ha afavorit el sorgiment de discos recopilatoris amb cançons utilitzades en anuncis publicitaris.

ACTIVITATS

7. Mira anuncis publicitaris de diversos productes i analitza la relació de la música utilitzada amb l'objecte anunciat:

- Descripció del producte (utilitat, funció, preu...).
- Públic a qui va dirigit (gènere, nivell sociocultural, edat, ideologia...).
- Eslògan utilitzat.
- Tipus de campanya (expectació, llançament...).
- Presentació del producte: si la informació és veraç, avantatges enfront d'altres productes.
- Descripció de l'anunci: escenari, objectes, personatges...
- Estructura narrativa (si en té): quina història conta? què passa? a qui?
- Música i efectes de so: funció i tipus (música coneguda, *cover*, BSO, *jingle*...)
- Valors i estereotips que s'hi utilitzen com a reclam: Com capta l'atenció de l'espectador?
- Impacte de l'anunci: t'agrada? quins són els aspectes més impactants?

8. Quina música posaries a un anunci de...? Selecciona cançons adequades per a publicitar alguns productes i explica per què les has triades.

1.6. Els mitjans de comunicació: una plataforma per a la promoció musical

Figura 1.5. Miguel Ríos ha estat l'encarregat de fer la versió de la sintonia introductòria de *Cuéntame cómo pasó* per al 2015.

Els mitjans de comunicació han esdevingut un canal ben important de difusió i de promoció comercial de la música. Per a la indústria discogràfica, són un aparador poderós des del qual donar a conéixer artistes nous i promocionar els seus discos.

La **televisió** s'utilitza com a mitjà de promoció musical de maneres molt variades. Per exemple, a més de tenir el seu propi espai dins de la publicitat com un producte més, els cantants i els grups musicals donen a conéixer els seus treballs nous a través d'actuacions, entrevistes o videoclips; hi ha cançons que es fan populars perquè sonen en anuncis publicitaris o en sèries d'èxit (Fig. 1.5.); sintonies televisives que es converteixen en èxits comercials i llancen grups nous; CD recopilatoris amb la música que sona en diverses emissions televisives o programes musicals de descobriment de nous talents (del tipus *Operación Triunfo* o *Factor X*).

D'altra banda, les **emissores radiofòniques** exclusivament musicals, finançades en gran manera per les grans productores comercials, continuen basant el seu format en la radiofórmula de les llistes d'èxits, en què s'escolten les mateixes cançons de manera reiterada.

Per tant, és cert que els mitjans de comunicació i la publicitat actuen com a difusors importants de la música, però cal analitzar de quina música, ja que els grans mitjans estan sota el control de les multinacionals de la indústria musical, que tendeixen a no arriscar-se en la producció de música original i centren la seua promoció en noms ja assentats o en els productes musicals que venen més. A més, s'inverteixen grans quantitats de diners en publicitat i promoció d'allò que s'estima que arribarà a un públic majoritari, i hi ha la creença, molt estesa, que «només ven qui ix en la televisió». Aquesta política implica que un artista només és rendible si aconsegueix vendes milionàries, i molt pocs poden aspirar a això, per la qual cosa correm el risc que la música que escoltem s'homogeneïtze i es releguen altres músiques minoritàries.

En conclusió, ningú no dubta ja de l'extraordinari poder dels anomenats *mass media* per a influir en els nostres hàbits de consum en general i de la seua contribució a la formació de la indústria cultural, i són en gran manera responsables de les modes i les tendències preponderants en la nostra societat, en tots els nivells i també, per descomptat, en l'àmbit musical.

CURIOSITATS

Aristòtil deia que «no hi ha comunicació que no tracte de persuadir».

Els mitjans de comunicació són un canal ideal per a persuadir-nos de quina música cal escoltar i comprar. T'has plantejat fins a quin punt els teus gustos musicals estan condicionats per tota la informació que veus, escoltes o lliges?

SAPS QUE...?

En l'última dècada, les companyies discogràfiques han trobat un filó en els recopilatoris, ja que els costos de producció són mínims i els guanys per a aquestes empreses, enormes.

2 Grans compositors: Bach

Figura 1.6. J. S. Bach.

«Inicialment hi havia Bach…, i llavors tots els altres.» (Pau Casals)

2.1. Vida

Johann Sebastian Bach va nàixer el 21 de març de 1685 a Eisenach, una petita ciutat d'Alemanya. Bach va pertànyer a la família de músics més formidable que mai haja existit, i en la seua formació van tenir un paper definitiu son pare i el seu oncle, ambdós músics de gran reputació en la seua època.

La vida de Bach va transcórrer entre unes quantes ciutats d'Alemanya, a les quals anava mudant-se a mesura que anava acceptant diferents ocupacions com a músic. En aquella època, els músics eren contractats per esglésies, corts o principats i treballaven a sou, assumint les funcions que figuraven en el seu contracte (compondre, ensenyar a xiquets, dirigir cors i orquestres, etc.). Encara que en general va ser reconegut el seu gran talent, paradoxalment la música de Bach va ser titlada per alguns de massa avançada en els seus primers anys de compositor i d'«antiquada» al final de la seua vida. Després de quedar cec els últims anys de la vida, Bach va morir a la ciutat de Leipzig el 1750 a seixanta-cinc anys. Després de la seua mort, i a pesar del seu geni, la seua música va caure en l'oblit fins que va ser redescoberta quasi un segle després. Hui Bach és reconegut unànimement com un dels genis més grans de la història de la música.

SAPS QUE...?

Bach es va casar dues vegades i va tenir vint fills, alguns dels quals van ser grans músics. Un dels fills més famosos va ser Carl Philipp Emanuel Bach, que es va convertir en un dels clavecinistes més importants d'Europa, a més de ser un compositor molt reconegut en el seu temps.

2.2. Obra

Bach va escriure més de mil composicions en els més diversos gèneres. No obstant això, i curiosament, l'òpera és l'únic gènere musical pel qual no va mostrar mai interés. De xiquet va destacar com a cantant i, més tard, com a organista i clavecinista.

Escolta alguns fragments de la seua genial música: 9

- *Tocata i fuga en re menor* (orgue) BWV 565.
- Minuet de la *Suite per a orquestra núm. 1* BWV 1066.
- *Allegro* del *Concert per a violí en mi major* BWV 1042.
- Cor: *Dona nobis pacem.*

ACTIVITATS

9. Sabries dir en quin compàs està escrit el minuet de la *suite*? Identifica les diferents parts musicals d'aquest fragment i el nombre de compassos que ocupa cada una.

10. Justifica breument per què l'*allegro* que has escoltat pertany a un concert. Pot tractar-se del 2n moviment d'aquest concert? Reflexiona y raona la resposta.

11. Ja coneixes els tipus més comuns de veus en un cor (soprano, contralt, tenor i baix). Sabries especificar en quin ordre entren en el *Dona nobis pacem* de Bach? Quina textura té aquest fragment?

3 Interpretem melodies conegudes: *Cuéntame*

Aquest apartat està dedicat a la interpretació amb la flauta de melodies de temes coneguts.

En aquesta unitat interpretaràs un tema molt conegut d'un dels grups espanyols de pop més importants del final dels anys seixanta i el començament dels setanta, Fórmula V; es tracta de la cèlebre cançó *Cuéntame*, que es va fer famosa juntament amb d'altres d'aquest grup no menys conegudes com *Eva María, Cenicienta, Vacaciones de verano* o *La fiesta de Blas*.

Cuéntame

Música: Fórmula V
Adapt. i acomp.: J. Palazón

WEB DE RECURSOS

En el web de recursos pots trobar indicacions gràfiques dels acords per a guitarra i piano.

AUDICIÓ

En el CD trobaràs la base musical d'acompanyament sobre la qual s'ha d'interpretar la peça i la versió amb flauta corresponent.

En el DVD (material només per al professorat) s'inclouen també totes les bases d'acompanyament i les versions amb flauta corresponents, a més d'un vídeo on es pot veure la cançó interpretada per un flautista acompanyat al piano i a la guitarra.

Aquesta indicació és vàlida per a totes les unitats.

Figura 1.7. La sèrie *Cuéntame cómo pasó* ha comptat, al llarg de moltes temporades, per a la interpretació de la seua sintonia musical amb artistes tan diversos com Ana Belén, Rosario, Alejo Estivel, Estrella Morente, Pitingo o Miguel Ríos, entre altres.

4 *Batucada:* el txa-txa-txa

En aquesta primera unitat aprendràs a interpretar el ritme del **txa-txa-txa.**

El txa-txa-txa va nàixer a Cuba en els anys cinquanta, quan el violinista i compositor Enrique Jorrín va desenvolupar aquest ritme a partir d'un que ja existia: l'havanera. Prompte es va associar aquest ritme a un estil de ball que es va posar de moda i que ha perdurat fins als nostres dies.

Els **instruments necessaris** per a interpretar aquest ritme són: bastons o claves, congues (que se substituiran pels bongos), esquellot agut i güiro.

Bastons

Bongos

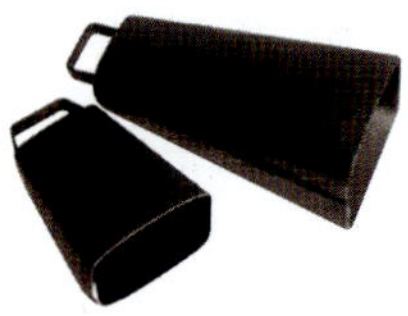
Esquellots

Güiro

SAPS QUE...?

El nom *txa-txa-txa* sorgeix com una onomatopeia que intentava imitar el so dels peus marcant els tres temps típics d'aquest ritme.

DVD PROFESSOR

En el DVD (material només per al professorat) es pot veure un vídeo que mostra la tècnica per a tocar adequadament aquests instruments i la manera de fer l'exercici interpretatiu.

WEB DE RECURSOS

El que coneixem com a «ritmes llatins» i, per descomptat, les músiques llatinoamericanes s'han anat incorporant amb el temps a la cultura musical espanyola. Gèneres com el txa-txa-txa, la salsa, el merengue, la cúmbia o la *bossa nova* en són una bona mostra. Pots trobar informació més detallada d'un d'aquests estils –la *bossa nova*– en el teu web de recursos.

Patrons rítmics

A continuació pots veure cada un dels patrons que interpreta cada instrument:

Güiro

Bastons

Bongos
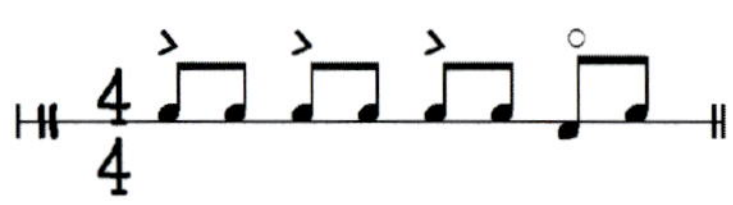

Congues
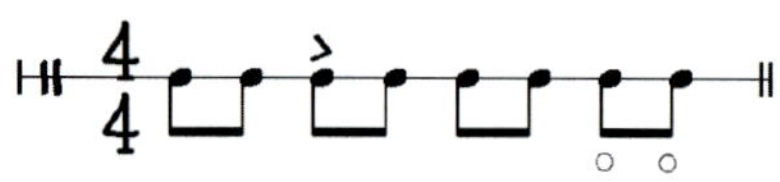

Esquellots

El patró de congues pot simplificar-se de la manera següent:

Congues
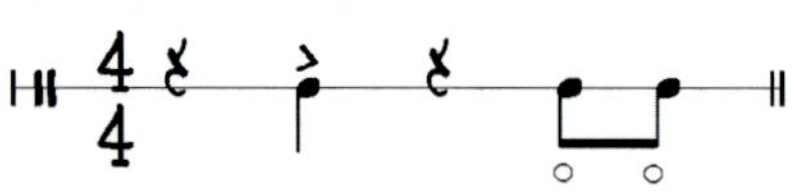

Si no tens a l'abast congues, pots utilitzar un altre joc de bongos. El primer colp pots executar-lo en el bongo agut (menut), mentre que els altres dos pots tocar-los en el bongo greu.

ACTIVITATS

12. Escolta alguns exemples de patrons amb aquests instruments. Els sentiràs separadament i, després, en grup.

13. Practica cada un dels patrons anteriors abans d'interpretar la partitura. El professor t'indicarà la manera de fer-ho.

A ritme de txa-txa-txa

Figura 1.8. Tocant els bongos.

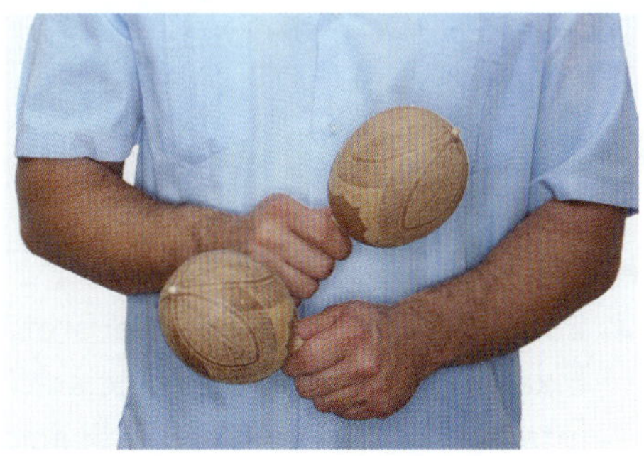

Figura 1.9. Tocant les maraques.

Figura 1.10. Tocant els bastons.

5 A cor: *Siyahamba*

En aquesta primera unitat, cantarem una cançó tradicional africana, en concret una de pertanyent a la tribu zulu. És tot un cant a la llibertat i, en les últimes dècades del segle xx, es va convertir en un símbol contra l'*apartheid* (sistema de segregació racial establit per la minoria blanca) imperant a Sud-àfrica.

Aquesta cançó s'ha fet molt popular i molts cors d'arreu del món l'han inclosa en el seu repertori per la senzillesa i la bellesa que té (Fig. 1.11.).

AUDICIÓ

En el CD trobaràs la base de la cançó.

En el DVD (material només per al professorat) s'inclouen dues versions de la peça, amb cada veu enregistrada separadament per facilitar-ne l'aprenentatge.

Siyahamba

Mús.: Tradicional zulu
Acompanyament: J. L. Salas

Figura 1.11. El grup sud-africà Mahotella Queens ha enregistrat una versió d'aquest tema.

ACTIVITATS

14. Escolta aquesta peça interpretada per la Coral Discantus de Múrcia. Fixa't molt bé en la pronunciació del text original en zulu. A continuació, interpreta-la tu amb les indicacions del professor.

6 Tècnica instrumental: arpegis en la flauta

Arpegis en flauta dolça

Aquest apartat busca, com indica el nom, millorar el teu nivell tècnic amb l'instrument. Les unitats 1, 3 i 5 estan dedicades a la tècnica en la flauta, mentre que les unitats 2, 4 i 6 es dedicaran a l'estudi tècnic en els instruments de làmines. Toca l'«Exercici previ» en la flauta per a practicar els arpegis. L'«Exercici interpretatiu» té una base enregistrada.

Exercici previ

Exercici interpretatiu

Promenade

Mús.: J. Palazón/J. L. Salas

RECORDA

Un arpegi es forma quan disposem melòdicament les notes d'un acord.

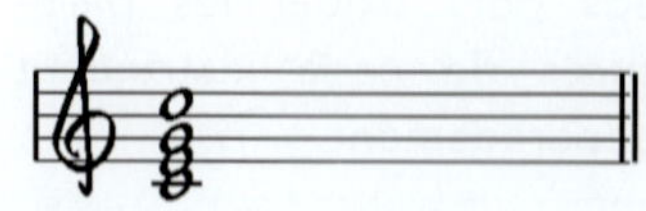

acord

arpegi

AUDICIÓ

En el CD trobaràs la base musical d'acompanyament sobre la qual s'ha d'interpretar la peça.

En el DVD (material només per al professorat) s'inclou tant la base d'acompanyament com la versió corresponent amb flauta o amb instruments de làmines Orff. Aquesta última és la que figura referenciada en la icona.

Aquesta indicació és vàlida per a totes les unitats.

7 En acústic amb Wim Mertens

WEB DE RECURSOS

En el teu web de recursos pots trobar les partitures de cada instrument separadament.

En aquesta unitat, interpretaràs un arranjament d'una peça del compositor belga Wim Mertens (Fig. 1.12). El títol és *Lir* i pertany al seu disc *Maximizing the Audience*, l'estil del qual ha estat qualificat com a música minimalista.

Lir

Mús.: Wim Mertens
Arranjament: M. A. López

AUDICIÓ

L'audició d'un fragment del tema original, així com un enregistrament de l'arranjament musical amb instruments Orff, figuren en el DVD.

Aquesta indicació és vàlida per a la resta de les unitats.

Figura 1.12. Musicòleg, productor, guitarrista i pianista, Wim Mertens té una discografia ben àmplia.

WEB DE RECURSOS

En el teu web de recursos pots consultar una versió melòdica més simplificada de la partitura.

8 Concert: *Veus del planeta*

Benvinguts a *Concert*. Aquest és l'apartat en què interpretarem composicions musicals sobre bases d'acompanyament enregistrades ben estimulants. En aquesta ocasió us convidem que interpreteu amb els instruments de la classe el tema *Veus del planeta*. Es tracta d'una composició amb pinzellades ètniques en què també participen alguns instruments clàssics com el piano.

Veus del planeta

Mús.: J. Luis Salas

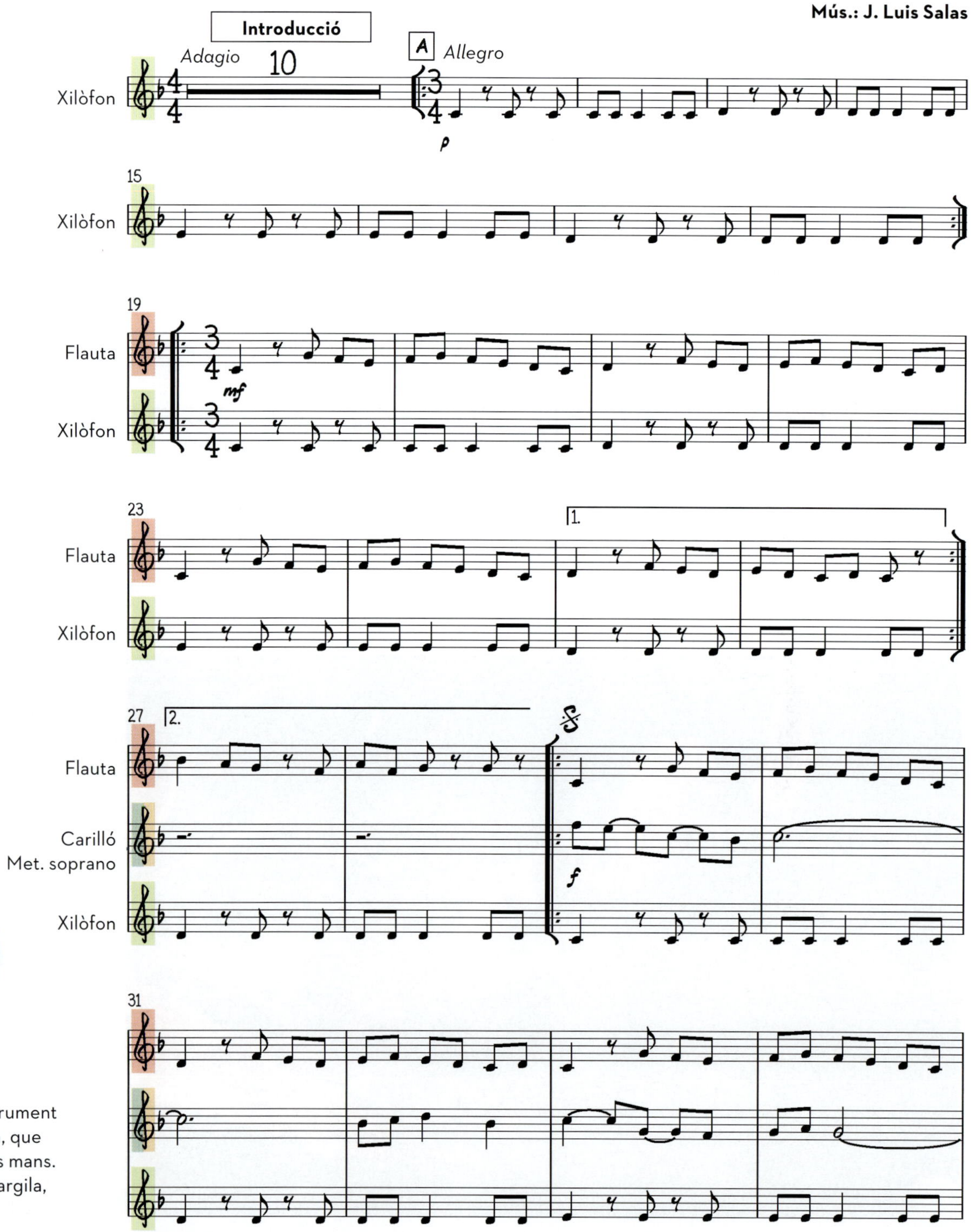

Figura 1.13. L'udu és un instrument de percussió d'origen africà, que es toca directament amb les mans. És un pitxer, normalment d'argila, al qual es fa un forat.

Figura 1.14. El duduk és un instrument típic del poble armeni, construït en fusta de bresquillera. El podràs escoltar en la introducció d'aquesta composició.

AUDICIÓ

En el CD trobaràs la base musical d'acompanyament sobre la qual s'ha d'interpretar la peça.

En el DVD (material només per al professorat) s'inclou tant la base d'acompanyament com la versió amb flauta i amb instruments de làmines Orff corresponent. Aquesta última és la que figura referenciada en la icona, a més d'un vídeo amb la peça interpretada per un grup d'alumnes de secundària.

Aquesta indicació és vàlida per a totes les unitats.

9 Taller de danses del món: Romania, *hora romaneasca*

En aquest apartat del llibre podràs aprendre a ballar amb els companys sis danses de diferents indrets del món.

En aquesta primera unitat ballaràs una dansa tradicional de Romania. La música i el ball representen una part important del folklore romanés, conservat en gran part a causa del caràcter rural de les comunitats en aquest país. Les danses són practicades per un gran nombre de grups aficionats o professionals, i d'aquesta manera es manté viva aquesta tradició.

A Romania hi ha diversos balls molt populars. Un dels més coneguts és la *hora* (es pronuncia «khora»), que designa de manera genèrica un ball en rogle. Aquesta dansa es balla en tot el territori que forma actualment el país. Com a exemple de les *hora* més populars podem esmentar la *hora unirii* (*hora* 'de la unitat'), que es balla cada any per commemorar la unificació del país el 1987.

La coreografia que aprendrem pertany a la dansa anomenada *hora romaneasca*, el nom de la qual fa referència a un dels dos estats en què estava dividit el territori romanés abans de la unificació.

DVD PROFESSOR

En el DVD (material només per al professorat) s'inclou la música de la dansa, un vídeo d'aquesta ballada per alumnes de secundària i un altre amb les explicacions per al muntatge.

Indicació vàlida per a la resta de les unitats.

Resum coreogràfic

La coreografia que aprendràs per a aquesta dansa s'inicia amb tots els participants col·locats per parelles en posició circular (rogle), i hi podem diferenciar dues parts:

Part A, en què els balladors executen dues vegades un moviment d'entrada i d'eixida cap al mig del rogle.

Part B, en què el rogle es desplaça primerament en sentit contrari a les agulles del rellotge i, després, en l'altra direcció. Hi ha una variant de B (B'), en què la xica executa un moviment de gir al voltant de la seua parella.

La dansa segueix sempre l'estructura ABAB'.

SAPS QUE...?

Alguns balls tradicionals romanesos han estat declarats per la UNESCO «Obres mestres de la tradició oral i llegat intangible de la humanitat».

QUADRE RESUM

En qualsevol producció audiovisual, la música acompleix una sèrie de funcions. Les més importants són:

- Aportar informació.
- Captar l'atenció de l'espectador.
- Potenciar un estat d'ànim.
- Mantenir la continuïtat de l'acció.

La música en la televisió

En aquest mitjà de comunicació, podem trobar-la com a o en:

- Sintonia.
- Programes específicament musicals.
- Programes de varietats amb actuacions musicals.
- Música de fons.
- Banda sonora de dibuixos animats, telefilms i sèries.
- Videoclips.
- Anuncis publicitaris.

La música en la ràdio

El mitjà radiofònic està ple de mostres musicals, siga en forma de sintonies, com a música de fons, en anuncis publicitaris, etc. Així, podrem escoltar-la en:

- *Jingle* (fragment melòdic breu a manera d'eslògan).
- Ràdio generalista: inclou en la programació programes de caràcter musical.
- Emissores musicals:
  - Radiofórmula musical (les llistes d'èxits).
  - Programes especialitzats.

La música en la premsa

La música està present en:

- Seccions culturals de diaris nacionals i locals.
- Revistes especialitzades: música clàssica, actualitat musical d'estils variats *(rock*, pop, *heavy, hip-hop, dance...), jazz* i *blues*, flamenc, tecnologia musical, etc.

La música i altres mitjans audiovisuals

En altres mitjans audiovisuals, com els videojocs, la música serveix per a aplicar efectes de so simples (videojocs arcade), sons reals, música de fons, sintonies, temes coneguts i bandes sonores que emulen les cinematogràfiques.

La música i la publicitat

La música té un paper molt important per a transmetre i reforçar el missatge publicitari:

- Factors: tipus de producte, sector de públic a qui va dirigit, franja horària en què s'emet, etc.
- Recursos més utilitzats: ús de músiques ja conegudes, *jingles*.

Els mitjans de comunicació: una plataforma per a la promoció musical

Els mitjans de comunicació són un canal important de difusió i promoció comercial de la música i tenen una gran influència en els nostres hàbits de consum, així com també en la creació de modes i tendències musicals.

Apartats pràctics

Grans compositors	Bach
Interpretem melodies conegudes	*Cuéntame*
Batucada	A ritme de txa-txa-txa
A cor	*Siyahamba*
Tècnica instrumental: arpegis en la flauta	*Promenade*
En acústic amb Wim Mertens	*Lir*
Concert	*Veus del planeta*
Taller de danses del món	Romania, *hora romaneasca*

1. **En la unitat has pogut comprovar que la música és utilitzada en la televisió de molt diverses maneres i amb funcions diferents. Explica quina funció exerceix la música en cada cas i posa exemples que il·lustren els teus raonaments:**
   - Com a sintonia.
   - Com a música de fons.
   - Com a banda sonora.
   - En programes específicament musicals.
   - En un altre tipus de programes.
   - En anuncis publicitaris.
2. **Què és un videoclip? Quins elements penses que ha de reunir per a tenir èxit?**
3. **Defineix: *jingle*, radiofórmula musical i *target*.**
4. **En el Llibre de Treball, relaciona amb fletxes cada revista amb l'àmbit musical en què està especialitzada:**

Scherzo •	Flamenc	• *Melómano*
Hip Hop Life •	Música clàssica	• *Ruta 66*
Rolling Stone •	Blues i *jazz*	• *Más Jazz*
Al aire y a compás •	*Rock*	• *IndyRock Magazine*
Ópera actual •	*Hip-hop*	• *Future Music*
MondoSonoro •	Música alternativa	• *RockZone*
Computer Music •	Actualitat musical	
	Tecnologia musical	

5. **Comenta alguns dels recursos més utilitzats per a la música en publicitat.**
6. **Com pot contribuir, en un anunci publicitari, la música a la venda d'un producte?**
7. **Imagina que tens un grup de música i vols promocionar-lo a través dels mitjans de comunicació. Com ho faries? Enumera, almenys, cinc maneres diferents de publicitar-lo.**

8. **Entre tots els companys, feu el vostre propi programa de ràdio. És aconsellable que, prèviament, dediqueu una mica de temps a analitzar algun d'aquests programes, ja que us ajudarà a agafar idees. Podeu seguir aquests passos:**

- Elaboració del programa: realització del guió, selecció de cançons i continguts musicals, tria de la sintonia, invenció d'anuncis publicitaris, etc.
- Enregistrament del programa: podeu fer-lo en ordinador, utilitzant l'editor d'àudio (Audacity). L'ideal és que hi feu servir unes quantes pistes (d'una banda, les pistes musicals i, de l'altra, les locucions) i useu l'«eina envoltant» per a ajustar els volums (que la música abaixe mentre sonen les veus dels locutors i apuge en els seus silencis, etc.).

Si us agrada el resultat, podeu emetre el vostre programa a través d'Internet. En unitats posteriors s'explica la manera de fer-ho.

9. **Localitza alguna de les revistes musicals mencionades en la unitat (moltes estan en format digital en Internet) i analitza'n el contingut: gèneres musicals, crítiques, concerts, etc.**

10. **Creeu la vostra pròpia agenda musical: busqueu informació, en els distints mitjans de comunicació treballats en la unitat, sobre els principals esdeveniments musicals (concerts i festivals), discos que ixen al mercat, notícies i entrevistes musicals, etc.**

La informació que obtingueu la podeu penjar en un tauler a classe (també en la pàgina web del centre) a manera d'agenda musical que, això sí, haureu d'actualitzar cada un cert temps.

11. **A debat. Us suggerim el tema següent: com es crea una tendència o moda musical?**

Alguns punts de partida per a la reflexió podrien ser:

- Penseu en exemples d'artistes musicals que van crear tendència (per exemple, The Beatles o Madonna) i d'altres que van seguir aqueixa tendència (com The Monkees o Marta Sánchez).
- Valoreu la importància de la imatge i l'aspecte visual de l'intèrpret. Quant hi ha de musical i quant d'estilisme visual en una moda musical? Escoltaries la música de la mateixa manera si no estiguera associada a una imatge, videoclip, etcètera?
- Analitzeu diferents portades de discos o CD (*punk, heavy, hip-hop*, etc.) i observeu la relació entre els estils musicals i la roba dels intèrprets.
- Mediteu sobre la influència dels mitjans de comunicació en la creació de modes musicals. Com influeixen en els nostres gustos i hàbits de consum musicals?

2 MÚSIQUES DEL SEGLE XXI

Saps quins estils musicals s'han fusionat per a crear la música que balles en l'actualitat?

Què trobes d'innovador en la música actual respecte a la música del segle anterior?

Ha desaparegut el *rock* de les llistes d'èxits?

Vols ser una estrela adolescent?

Ets un fan incondicional d'algun artista?

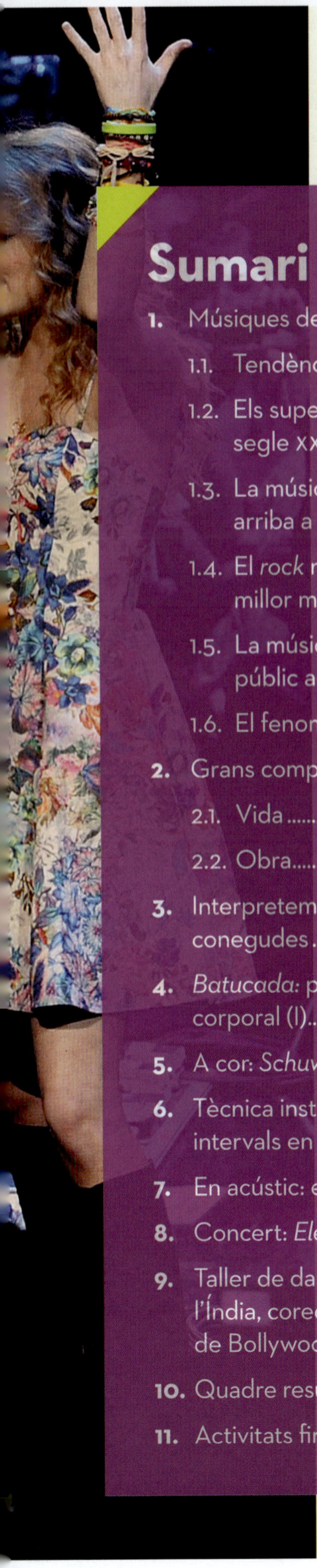

Sumari

1. Músiques del segle XXI 40
   - 1.1. Tendències mundials 40
   - 1.2. Els superproductors del segle XXI: el toc màgic 41
   - 1.3. La música independent arriba a les llistes 42
   - 1.4. El *rock* no passa pel millor moment 43
   - 1.5. La música dirigida al públic adolescent 44
   - 1.6. El fenomen fan 45
2. Grans compositors: Mozart 46
   - 2.1. Vida 46
   - 2.2. Obra 46
3. Interpretem melodies conegudes 47
4. *Batucada*: percussió corporal (I) 48
5. A cor: *Schuwi dua* 50
6. Tècnica instrumental: intervals en làmines 51
7. En acústic: el fandango 52
8. Concert: *Electronic music* 54
9. Taller de danses del món: l'Índia, coreografia a l'estil de Bollywood 57
10. Quadre resum 58
11. Activitats finals 60

Una web

http://di-gi cards.com/es

En aquesta pàgina web es comercialitzen unes targetes igual de grans que una targeta de crèdit, mitjançant les quals un artista ofereix en cada una un enllaç de descàrrega a una cançó o un altre contingut multimèdia. És un mitjà alternatiu de distribució sense intermediaris.

Una cançó

United State of Pop (50 Shades of Pop), de DJ Earworm

Es tracta d'un ***mashup*** (literalment, un 'puré' musical) en què DJ Earworm mescla algunes de les cançons més populars als EUA. Un *mashup* normalment es compon d'una base electrònica apegalosa sobre la qual sonaran les veus *a cappella* de diferents artistes.

Una pel·lícula

Never say never

Es tracta d'un documental que narra la meteòrica ascensió a l'èxit del jove artista Justin Bieber des del començament; inclou vídeos de la seua infància, entrevistes a altres artistes que han presenciat la seua evolució i un concert en format 3D.

1 Músiques del segle XXI

En aquesta unitat coneixerem algunes de les tendències més actuals dins del panorama de l'anomenada música popular, així com alguns dels seus artistes o grups més representatius.

1.1. Tendències mundials

Com en tantes altres èpoques, la indústria discogràfica anglosaxona (sobretot la nord-americana) ha marcat les tendències de la música d'aquest principi de segle.

La fusió de pop, *hip-hop* i *R&B* modern

Durant la primera dècada del segle XXI, les fronteres que separaven aquests estils van anar desapareixent. Estreles del pop adolescent dels noranta (Christina Aguilera, Britney Spears i Justin Timberlake, antic component del grup 'N Sync) descobreixen el *rap* i l'*R&B*, i n'abracen tant el so com l'estètica. Per a aconseguir-ho, treballaven amb productors i cantants d'aquests estils, i així va començar una època de moltes col·laboracions. El *hip-hop* va aportar tant artistes que rapejaven com productors que van dotar de sonoritats un poc més agressives i contundents el fins llavors contingut *R&B* contemporani (*Crazy in Love* de Beyoncé amb el raper Jay-Z n'és un dels millors exemples).

Al seu torn, els artistes del *rap* van començar a col·laborar amb cantants d'*R&B* perquè cantaren les tornades de les seues cançons, fent-les més apegaloses per al gran públic (com el *hit* de Pitbull *Give me Everything*, amb Ne-Yo i Nayer).

PER A SABER-NE MÉS

L'*R&B* contemporani comença en els huitanta, quan Michael Jackson i Prince reviuen el *Rythm & Blues* afegint-hi aires de *soul*, *funk* i els innovadors sons de les caixes de ritmes.

Els més venuts a Espanya i a Llatinoamèrica

Shakira és l'artista llatina més important de la dècada anterior, amb més de seixanta milions de discos venuts.

Alguns dels artistes que han venut més a Espanya en els últims anys són Pablo Alborán, Enrique Iglesias o Dani Martín.

ACTIVITATS

1. L'*R&B* ha tingut una gran influència en les tendències musicals. Investiga'n l'origen i l'evolució i alguns dels seus artistes més representatius.
2. Escolta l'evolució musical de Justin Timberlake a través de les cançons següents i explica les diferències que hi observes.
   - *Tearin' Up my Heart*, de la seua època amb 'N Sync (1998).
   - *I'm Lovin' It*, ja en solitari (2003).
   - *My Love*, produït per Timbaland i amb la col·laboració del raper T. I. (2006).

Figura 2.1. Lady Gaga és probablement l'última revolució en el món del pop des de la que va protagonitzar Madonna fa vint-i-cinc anys.

L'explosió de la nova música de ball i el pop electrònic

La música pop i de ball adopten timbres més elaborats de la música electrònica fent servir les tecnologies més modernes de producció musical. *Hung up*, de Madonna (núm. 1 en quaranta-cinc països), enceta aquesta revisió de la música *disco*, continuada per Rihanna i Lady Gaga.

1.2. Els superproductors del segle XXI: el toc màgic

Com hem dit, la dècada anterior va ser una època de col·laboració. En èpoques anteriors, un artista produïa un disc cada un cert temps, però a partir del naixement d'altres mitjans de distribució i promoció, com *iTunes*, *Myspace* o *Soundcloud*, s'ha fet necessari un flux continu de cançons noves. Això ha donat com a resultat la proliferació de duets, *remixs* i versions. El productor serà l'encarregat de crear aqueixos *remixs*, aportant el seu «toc» i aconseguint moltes vegades fer més popular la seua versió que l'original.

Alguns dels productors més sol·licitats en l'actualitat són també grans remescladors, capaços d'imprimir més vitalitat a un tema apegalós. Així, aconsegueixen moltes vegades fer més popular el seu *remix* que el tema original.

- **Avicii:** Tim Bergling és un productor, DJ i mesclador suec. A banda de tenir una carrera en solitari reeixida, ha col·laborat amb artistes de la talla de Daft Punk o David Guetta, siga fent remescles o produint. El seu tema *Hey Brother*, inclòs en el seu àlbum debut *True* de l'any 2013, va arribar al primer lloc en les llistes de vendes d'uns quants països, inclòs Espanya.
- **Max Martin:** potser el compositor i productor més influent en l'escena pop mundial des del començament del tercer mil·lenni. Al final dels noranta va llançar a la fama Britney Spears i els Backstreet Boys, entre altres. Ha sabut evolucionar al llarg dels anys, adaptant-se a diferents estils, i en l'actualitat treballa amb artistes com Kate Perry, Taylor Swift o Adele.

A Espanya la figura del productor sol quedar relegada a un segon pla i no sol transcendir l'artista que produeix. Aquests són alguns dels productors espanyols més influents en l'última època:

- El guitarrista Carlos Raya, que ha estat fonamental en els sons d'artistes com Fito y Fitipaldis o M-Clan.
- El polifacètic Suso Saiz, productor d'Iván Ferreiro o Marlango.
- José de Castro, *Jopi*, productor i guitarrista de Melendi.
- Paco Loco, molt sol·licitat en l'escena *indie* espanyola. Ha treballat amb Australian Blonde, Lori Meyers, Bunbury, Mikel Erentxun o Neuman.
- Tato Latorre, productor de Maldita Nerea, Efecto Pasillo o Antonio Orozco.
- Javier Limón, productor del ja difunt Paco de Lucía o Calamaro, entre altres.

ACTIVITATS

18

3. Escolta les dues versions de la cançó *You Belong with me*, de Taylor Swift, que et proposem (la versió original i la versió *pop mix*) i descriu les diferències que trobes entre ambdues. Reconeixes cap semblança amb alguna cançó de les que hem tractat a la unitat?

SAPS QUE...?

Madonna ha sabut mantenir-se durant dècades a la part alta de les llistes, entre altres coses, gràcies a la seua col·laboració amb els millors productors del moment. El 2015, per a la realització del seu àlbum *Rebel Heart*, va col·laborar amb els productors de moda Diplo i Avicii.

PER A SABER-NE MÉS

En el vídeo del tema *Apologize* del grup One Republic (produït per Timbaland), podem contemplar el productor amb l'actitud d'un director d'orquestra modern que modula la cançó des de la sala de control de l'estudi de gravació.

Figura 2.2. El cantant, compositor i productor musical nord-americà Bruno Mars. Abans de convertir-se en artista solista, escrivia èxits per a altres artistes.

1.3. La música independent arriba a les llistes

El *rock* és un dels estils que es ramifica més en els últims temps. Internet ha ajudat molt a crear canals de promoció alternatius als ja usats per les grans companyies discogràfiques.

El resultat ha estat una diversificació d'estils, fins a crear-se corrents musicals (molt arrelats en estils anteriors) que han escapat un poc del control ferri de la indústria.

> **SAPS QUE...?**
>
> *Underground* i *mainstream* són anglicismes molt usats en el nostre idioma que designen si una obra pertany a un corrent artístic consumit massivament per un públic majoritari (*mainstream*) o per una minoria (*underground*). Internet és una de les eines que més han ajudat les cultures *underground* a estendre's amb més facilitat.

El pop britànic

Al principi dels noranta, la música independent va passar de la cultura *underground* al *mainstream*. Al Regne Unit les grans companyies discogràfiques van captar molts grups que treballaven en segells independents.

Durant aquesta època van sorgir alguns dels grups que han influenciat més el pop britànic del nostre temps: Manic Street Preachers, Oasis (separats el 2009), Blur i Radiohead poden considerar-se pares de grans supervendes actuals com Coldplay.

Figura 2.3. Adele perpetua l'època daurada del *soul* que va iniciar la desapareguda Amy Winehouse.

La tornada del *punk* revisionat

Molts dels grups de *rock* que han sorgit aquesta última dècada estan influenciats per la música *punk* del final dels setanta. D'aquesta manera es podria parlar de dos corrents:

- Un de més pròxim al *rock*, amb instrumentació tradicional *rock* (guitarres elèctriques, baix i bateria). Alguns exemples en són Fall Out Boy, My Chemical Romance o Good Charlotte.
- Un altre amb influències clares de la música *disco*, amb grups com The Strokes, Artic Monkeys, Franz Ferdinad i The White Stripes. Continuem en una època que mescla les agressives guitarres elèctriques del *punk* amb els ritmes de discoteca. Alguns grups com Imagine Dragons van un poc més enllà i inclouen sons propis de la música electrònica. Amb el tema *Radioactive* (2012), Imagine Dragons aconsegueix un equilibri delicat entre els sons tradicionals del pop independent i els sons sintetitzats mitjançant tècniques de producció heretades de la música electrònica i de ball.

Finalment, es poden destacar altres influències no tan dures, però igualment energètiques, provinents d'alguns grups de la música pop dels huitanta, com Talking Heads o Blondie.

Figura 2.4. Dan Reynolds, vocalista del grup nord-americà Imagine Dragons, en concert.

La norma general: reinterpretar antics estils

Tota la música feta els últims anys ha estat influenciada fortament pels corrents dels anys setanta i huitanta. Es podria arribar a la conclusió que no s'ha creat cap gran tendència realment innovadora des de l'aparició del *hip-hop* al final dels setanta.

1.4. El *rock* no passa pel millor moment

Grans tornades

Un dels símptomes d'aquesta possible «crisi creativa» pot ser la gran quantitat d'artistes d'altres dècades que han tornat als escenaris. Grups com ara Red Hot Chili Peppers, Sex Pistols, Guns N' Roses, Pearl Jam, The Police i, a Espanya, Hombres G o Héroes del Silencio han compartit concerts i llistes de vendes amb joves promeses.

Una altra manera de «gran retorn» una mica més encoberta (sobretot en el *rock* més agressiu) ha estat la proliferació de supergrups compostos per antics components de bandes mítiques.

Molts són productes destinats a un públic nostàlgic i la seua intenció és molt lluny d'innovar, amb la qual cosa normalment són projectes paral·lels dels components. Alguns exemples n'han estat Velvet Revolver (antics integrants de Guns N' Roses i Stone Temple Pilots), Audioslave (fusió de Soundgarden i Rage Against the Machine) o la unió de Queen amb Paul Rodgers. A Espanya tenim l'exemple de Rulo y la Contrabanda, grup format per components de bandes com La Fuga, Jarabe de Palo o Bunbury.

Figura 2.5. Grups d'influència *punk* com Green Day s'han mantingut en la cresta de l'onada des dels noranta.

No se n'havien anat mai

També hi ha hagut un gran nombre d'artistes que des dels noranta han continuat oferint grans treballs, moltes vegades marcant les directrius de la dècada. Alguns en són Placebo, Björk, Massive Attack o Green Day. U2 (banda formada el 1976) potser siga el grup en actiu que ha influït més en el so pop actual.

A Espanya, exintegrants de grups consagrats han assolit grans carreres musicals en solitari, com Fito Cabrales amb Fito y Fitipaldis.

El *rock* progressiu, últim bastió del *rock*

A mitjan 2000, el *rock* va anar desapareixent de les llistes d'èxits amb molt poques excepcions, com el grup anglés Muse. Aquest té influències clares en el *rock* progressiu, única tendència que en els últims anys ha mantingut constant una legió de fans gràcies a grups com Dream Theater o Porcupine Tree.

El pop més adult

Norah Jones, Ben Harper, Dave Mathews Band i Jack Johnson, entre altres, formen part d'un corrent de música eclèctica i moltes vegades amb sonoritats acústiques amb una gran minoria de seguidors, mentre que Michael Bublé i Diana Krall, amb influències del *jazz*, són els més escoltats.

Rock a Espanya

A partir del 2000, grups com Pereza i Vetusta Morla aporten noves sonoritats a l'escena *pop-rock* espanyola. Actualment, Marea i La Fuga són grups joves espanyols que recullen el testimoni del *rock* urbà d'Extremoduro o Barricada.

Figura 2.6. El grup Fito y Fitipaldis no amaga les seues influències del so més *country* dels Dire Straits.

1.5. La música dirigida al públic adolescent

Figura 2.7. Avril Lavigne repeteix la fórmula de grups dels noranta, com Blink 182 o NOFX.

El *pop-rock* adolescent

El 2002 va començar un nou moviment que oscil·lava entre el pop i el *rock* dirigit a un públic majoritàriament adolescent liderat per Avril Lavigne, amb èxits com *Complicated*, al principi de la dècada, i *Girlfriend*, al final d'aquesta.

Influència dels xous d'impacte musicals

En la mateixa època, les televisions britàniques i nord-americanes van començar a produir xous d'impacte de temàtica musical (com *American Idol* als EUA, i *O.T.* o *La Voz*, a Espanya). Aquests programes pretenen descobrir el millor cantant del país, i el guanyador és elegit pels televidents mitjançant telefonades, Internet i votació SMS. La guanyadora de la primera edició d'*American Idol*, Kelly Clarkson, va obtenir un gran èxit comercial, gràcies a senzills com *Since U Been Gone* (amb influència d'Avril Lavigne). Els guanyadors de *La Voz* seran relegats a l'oblit. L'activitat següent convida a investigar i a reflexionar sobre això.

SAPS QUE...?

Per a ser una estrella adolescent són requisits ineludibles saber cantar, ballar i interpretar. És a dir, els mateixos que han de tenir els intèrprets dels musicals.

ACTIVITATS

4. Investiga, analitza i compara la repercussió que ha tingut en les seues carreres la participació dels *coaches* i dels concursants guanyadors del xou d'impacte musical *La Voz*: qui creus que n'ha eixit més afavorit dels dos?

Disney Channel arrasa

Figura 2.8. Zac Efron, un dels artistes que ha crescut sota la protecció de la companyia Disney.

Disney és la companyia més gran de mitjans de comunicació i entreteniment del món, amb parcs temàtics, cadenes de televisió (no sols infantils) i, fins i tot, estacions de ràdio. El seu canal de televisió Disney Channel ha estat un dels mitjans de promoció més actiu. La cadena, que anteriorment tenia una programació íntegrament dedicada al públic infantil, va decidir centrar-se a captar una audiència de més edat a través de sèries i de pel·lícules amb protagonistes adolescents. Van crear superestreles com Hannah Montana (Miley Cyrus), que va arribar als llocs més alts en les llistes de venda a escala mundial.

Altres artistes que aquesta companyia ha llançat amb èxit són Selena Gomez, Hilary Duff, Demi Lovato, Taylor Swift, Bridgit Mendler i Ross Lynch.

Nickelodeon és un altre canal de televisió nord-americà per via satèl·lit dirigit al públic juvenil. Igual que Disney, fa anys que elabora un planter d'artistes adolescents. Ariana Grande és la seua estrella més popular.

1.6. El fenomen fan

El fenomen fan va començar en els anys cinquanta amb artistes com Elvis, que van començar a fer servir els nous mitjans de difusió, ràdio i televisió, encara que en els anys quaranta Frank Sinatra ja tenia clubs de fans. En els seixanta, el fenomen s'estabilitza i es massifica amb grups com The Beatles o The Rolling Stones, i a partir dels setanta la indústria musical va començar a fabricar ídols a mida per a un públic jove amb més poder adquisitiu que les generacions anteriors. A Espanya triomfen artistes com Los Pecos o Miguel Bosé. Els huitanta estan marcats per la posada en antena del canal de vídeos musicals MTV i l'ús massiu de tècniques de marxandatge. New Kids on the Block i Backstreet Boys van ser dos dels grans fenòmens fan dels noranta.

SAPS QUE...?

Qualsevol artista del nostre temps amb un mínim de difusió coneix la importància que tenen les xarxes socials. A través seu, els fans tenen la sensació d'interactuar amb els seus ídols com mai no havia estat possible. Taylor Swift és una de les artistes que fa servir millor aquestes eines, que l'han ajudada a aconseguir un vincle molt fort amb els seus fans.

Figura 2.9. El grup One Direction, en concert.

Els britànics One Direction són un altre dels grups que més passions alça entre les adolescents d'arreu del món. D'altra banda, Justin Bieber és un jove cantant canadenc que s'ha convertit en un dels fenòmens mediàtics més importants dels últims anys. El vídeo de la seua cançó *Baby* ha estat el més vist en la història de la pàgina de vídeos YouTube.

Algunes claus per a comprendre l'ascensió de Justin Bieber a l'èxit són:

- YouTube: sa mare hi penjava enregistraments casolans de les seues actuacions; les gravacions van tenir tantes visites que van cridar l'atenció del mànager que li va aconseguir el seu primer contracte discogràfic.
- La seua relació amb Usher, artista d'*R&B* de gran fama als EUA, que es va convertir en el seu mentor i mànager.
- La presència contínua en les xarxes socials, com Twitter o Facebook.
- El llançament de la pel·lícula *Never Say Never*, que relata com va aconseguir la fama.

Figura 2.10. Justin Bieber, en una de les seues reeixides actuacions.

2 Grans compositors: Mozart

«Ni una intel·ligència sublim, ni una gran imaginació, ni les dues coses juntes formen el geni; amor, això és l'ànima del geni.» (Mozart)

Figura 2.11. Retrat de W. A. Mozart.

2.1. Vida

Wolfgang Amadeus Mozart va nàixer a Salzburg (Àustria) el 27 de gener de 1756. Son pare, Leopold Mozart, compositor i violinista, es va adonar prompte dels prodigiosos dots musicals de Wolfgang i va decidir educar-lo i, simultàniament, exhibir-lo com a font d'ingressos, portant-lo de cort en cort i de ciutat en ciutat perquè sorprenguera els auditoris amb els seus dots tan extraordinaris. A sis anys, Mozart ja era un intèrpret avançat d'instruments de tecla i un violinista eficaç, al mateix temps que demostrava una capacitat extraordinària per a la improvisació i la lectura de partitures. A dèsset, va ser contractat com a músic en la cort de Salzburg, on va treballar sota la tutela de l'arquebisbe. Però Mozart va decidir abandonar aqueixa situació de servitud i intentar subsistir pels seus propis mitjans. Així, durant la seua visita a Viena el 1781, va decidir abandonar el seu lloc a Salzburg i quedar-se a la ciutat, on prompte va assolir la fama. A Viena, Mozart depenia d'encàrrecs d'obres i de concerts com a font principal d'ingressos. A pesar de la fama i el talent, la situació financera de Mozart i la seua família va empitjorar, fins al moment de la seua mort el 1791. El funeral va ser molt humil i va rebre sepultura en una fossa comuna. Mozart ha estat classificat per alguns com el compositor més gran de la història de la música, i ningú dubta a considerar-lo l'exemple més sorprenent de genialitat per a la composició musical que hi ha hagut.

2.2. Obra

Mozart va escriure més de sis-centes obres, que va passar al paper escrupolosament quasi sense esborraments ni esmenes. Es calcula que copiar la seua obra completa dedicant deu hores per dia costaria vint-i-cinc anys, una cosa increïble si tenim en compte que en va viure trenta-cinc. Va destacar en tots els gèneres i va compondre magnífiques simfonies i concerts per a la música orquestral, així com també grans òperes per a la vocal, sense deixar de banda les seues excel·lents obres per a música de cambra. Va ser un excel·lent pianista, organista, violinista i director, i destacava per les seues improvisacions, que solia fer en concerts i recitals.

ACTIVITATS

19

5. Escolta quatre fragments d'obres de Mozart pertanyents a diferents gèneres. Relaciona amb fletxes en el Llibre de Treball cada un d'aquests fragments amb el títol de l'obra. Justifica després raonadament cada tria.

Fragment 1	*Missa en DoM K317 Coronació*
Fragment 2	*Concert en ReM K537*
Fragment 3	*Simfonia núm. 29 en LaM K201*
Fragment 4	*Òpera Don Giovanni (Don Juan)*

3 Interpretem melodies conegudes

En el món de la «música culta» hi ha qui parla de «compositors d'una sola composició», no perquè hagen compost una única obra musical, sinó perquè aquesta els ha fet coneguts universalment. Podem pensar en el famós *Concert d'Aranjuez*, del mestre Rodrigo, el *Cànon*, de Pachelbel, els *Carmina Burana*, de Carl Orff, o en el cas de l'obra que interpretareu en aquesta ocasió, el famós trio de la primera de les cinc marxes orquestrals que formen l'obra *Pompa i circumstància*, del compositor Edward Elgar (1857-1934), obra que pot escoltar-se en molts esdeveniments de gran rellevància social o en graduacions acadèmiques.

Figura 2.12. Retrat del compositor anglès Edward Elgar.

20 21

Pompa i circumstància núm. 1

(Trio)

Música: E. Elgar
Adapt. i acomp.: J. Palazón i J. L. Salas

WEB DE RECURSOS

En el web de recursos pots trobar indicacions gràfiques dels acords per a guitarra i piano.

4 *Batucada:* percussió corporal (I)

En aquesta unitat experimentarem amb la percussió corporal basant-nos en patrons rítmics de bateria. Així, utilitzant diferents parts del cos, podràs imitar els colps bàsics d'una bateria. Com saps, aquest instrument té diversos elements que pots veure en la imatge inferior:

WEB DE RECURSOS

En el teu web de recursos pots trobar un vídeo explicatiu sobre la manera de fer aquests exercicis.

De la bateria imitaràs únicament els sons de bombo, caixa i xarleston. Les parts del cos utilitzades per a imitar aquests instruments són les següents:

Bombo = Palmell obert en pit.

Caixa = Palmada.

Xarleston = Xiulets (fent petar els dits).

Per a entendre com funciona un patró de bateria, has d'aprendre a «comptar» tots els colps que pot produir. Treballaràs sempre en compàs de 4/4 i en negres, comptant tots els colps, que seran:

un	dos	tres	«qua»
♩	♩	♩	♩
pit	palmada	pit	palmada

Exercici 1

Tenint en compte el gràfic anterior, practica aqueixos colps buscant una pulsació molt regular (atenció de no accelerar-la). Aquests colps seran sempre els equivalents al bombo i a la caixa d'una bateria:

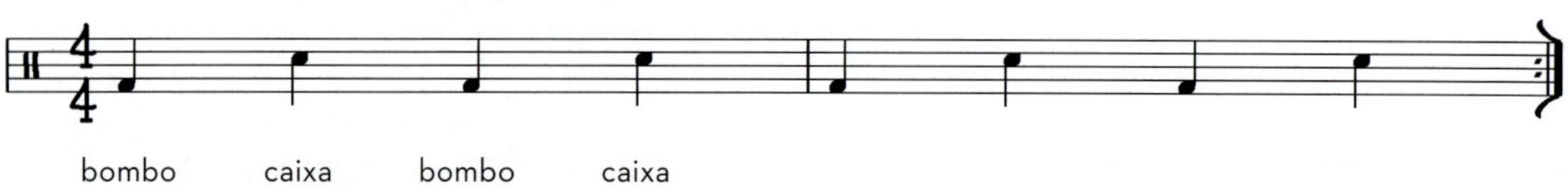

Ja tens els colps principals d'una bateria. És imprescindible que faces tots aquests exercicis **comptant en veu alta.** A continuació, completarem el ritme anterior amb el tercer element de la bateria, el xarleston, que s'interpretarà fent petar els dits (xiulets).

La primera cosa que farem serà continuar comptant els quatre colps principals, però ara omplirem el que falta amb la lletra *i* a ritme de corxeres. Observa el gràfic següent:

un	(i)	dos	(i)	tres	(i)	«qua»	(i)
pit	xiulets	palmes	xiulets	pit	xiulets	palmes	xiulets

Observa el gràfic anterior i fes ara aquest exercici seguint aquesta partitura:

Exercici 2

ACTIVITATS

6. Interpreta els Exercicis 1 i 2 explicats més amunt sobre la base enregistrada. Una claqueta de quatre pulsacions t'indicarà l'entrada i el *tempo*. Has de tocar quatre compassos de cada exercici, és a dir, un total de huit compassos.

Amb tot el que s'ha treballat, ja estàs en condicions de tocar una breu partitura de bateria utilitzant percussió corporal:

Exercici interpretatiu

5 A cor: *Schuwi dua*

RECORDA

En un cànon, tots els grups de veus canten la mateixa melodia, però començant en distints moments, fet que dóna lloc a una textura polifònica.

Aquesta vegada muntarem un cànon a tres veus ben divertit. Com pots observar, el text no té cap significat i està compost de síl·labes amb bastant sonoritat, la qual cosa afavoreix molt la interpretació.

Aquest procediment de cantar amb síl·labes mancades de significat és molt habitual en les improvisacions vocals de *jazz* i en altres estils musicals, com el *Doo Wop*, que va sorgir en la dècada dels cinquanta del segle XX als Estats Units i es va posar de moda a Europa posteriorment, amb grups com Rocky Sharpe & The Replays o Golden Gate Quartet (Fig. 2.13).

23

Schuwi dua

Música: Uli Fuhre
Acompanyament: J. L. Salas

ACTIVITATS

24

7. Escolta aquest cànon interpretat per la Coral Discantus. Primerament l'escoltaràs a una sola veu i, després, en cànon a tres veus. A continuació, interpreta'l tu amb les indicacions del professor.

Figura 2.13. Golden Gate Quartet, 1970.

6 Tècnica instrumental: intervals en làmines

A continuació, practicaràs diferents tipus d'interval en els instruments de làmines, la qual cosa equival a treballar diferents distàncies de mans en aquests instruments.

Practica els intervals següents en els instruments de làmines abans de comprendre l'exercici interpretatiu. El professor t'indicarà la manera de fer-ho.

RECORDA

Interval és la distància en altura o afinació que hi ha entre dos sons.

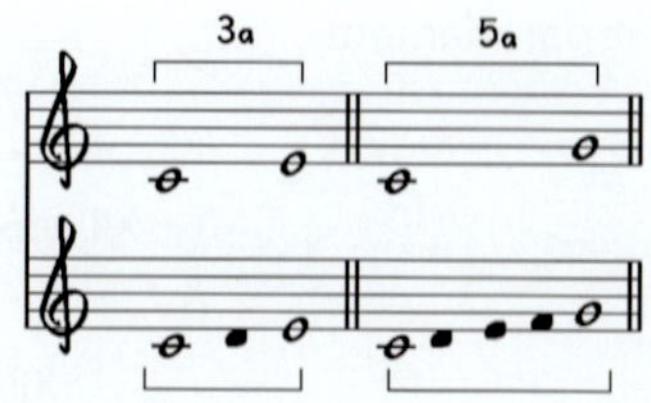

Exercici previ

Intervals de 4a

Intervals de 5a

Intervals de 8a

Exercici interpretatiu

Mediterranean sound

Música: J. L. Salas / J. Palazón

Del A al 𝄋 || A de 2a a Fi

> **WEB DE RECURSOS**
>
> En el teu web de recursos pots trobar les partitures de cada instrument separadament.

7 En acústic: el fandango

Us proposem la interpretació d'una peça flamenca, concretament un fandango, un dels palos més populars d'aquest estil musical.

Fandango

Mús.: M. A. López Ballester

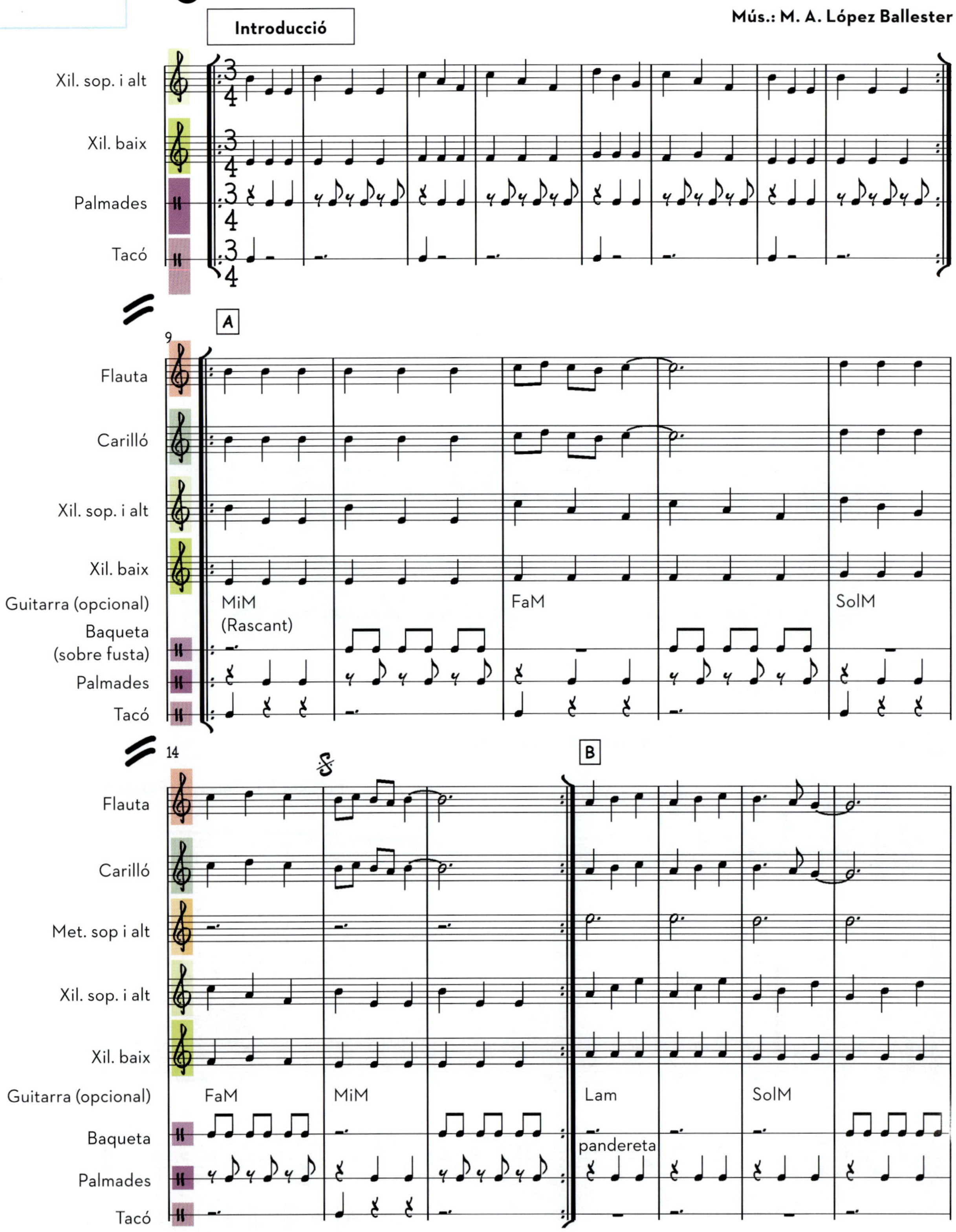

Figura 2.14. Dins dels palos del flamenc, el fandango és un estil molt antic que va anar adquirint a través del temps aires aflamencats. Principalment, es tracta d'un ball en parella, encara que actualment molts fandangos són únicament per a escoltar-los. Es caracteritza perquè s'hi fa servir un compàs ternari i es pot interpretar també sense instruments fent colps damunt d'una taula. La temàtica és social i amorosa.

8 Concert: *Electronic music*

Et proposem interpretar una peça de música electrònica. La base musical enregistrada sobre la qual tocaràs està feta íntegrament amb instruments electrònics: sintetitzadors i altres. El teu professor t'indicarà la manera d'interpretar-la.

Electronic music

Música: J. Palazón

Figura 2.15. Enregistrament musical per ordinador. El concepte de música electrònica s'utilitza principalment per a designar la música feta amb sintetitzadors, mostrejadors (*samplers*), caixes de ritme, ordinadors, etc. Hui en dia ha crescut exponencialment el nombre de persones que fan música per ordinador. Per a crear-la, utilitzen programari que processa els sons, de manera que arriben a convertir-se en autèntics estudis de gravació.

Abans de la interpretació

És convenient que, abans d'interpretar directament la peça, en conegues i en treballes alguns elements que et caldran per a fer-ne una interpretació correcta.

Sobre la tonalitat

La tonalitat de la peça és *Sol* major. Recorda que amb això s'ha d'entendre que utilitza l'escala de *Sol* i és major perquè té els semitons entre els graus III-IV i VII-VIII; per tant, en l'escala de *Sol* major el *fa* és sostingut:

Per a evitar posar l'alteració cada vegada que es presenta la nota alterada, recorda que s'utilitza l'*armadura*, és a dir, una indicació al començament del pentagrama i després de la clau que ens diu quina nota està alterada durant tota la composició, llevat que se n'anul·le l'efecte en algun moment amb un becaire:

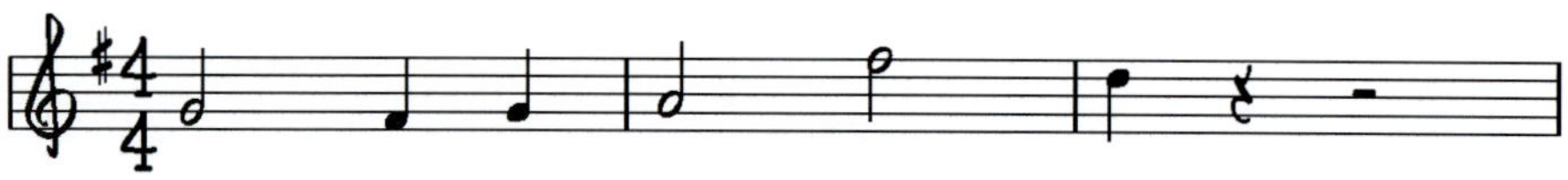

Amb la indicació anterior sabrem que totes les notes *fa* de la peça són sostingudes, independentment de l'altura en què estiguen col·locades. En *Electronic music*, el primer *fa* sostingut que es mostra ho fa en la lletra C d'assaig, i l'armadura t'ho recorda al principi de cada pentagrama.

Sobre l'articulació en la flauta

Si observes el tema A d'*Electronic music*, veuràs que té molts més silencis que el tema B. L'efecte dels silencis, unit a una interpretació de les notes molt picades, donarà com a resultat una textura molt neta i un so una mica fred i distant, d'acord amb una estètica electrònica bàsica.

ACTIVITATS

8. Els intervals melòdics que has de treballar són els de 4a:

a) Cada exercici està separat per una doble línia divisòria. Toca cada exercici almenys tres vegades fins a aconseguir una articulació neta d'aqueixes notes. El professor t'indicarà la manera de muntar les diferents seccions de la peça.

b) Toca els exercicis de negres i corxeres amb articulació de picat, és a dir, curtes.

9 Taller de danses del món: l'Índia, coreografia a l'estil de Bollywood

En aquesta unitat «viatjarem» fins a l'Índia per ballar una coreografia a l'estil dels musicals de **Bollywood**. Aquest nom és el que s'utilitza popularment per a referir-se a un sector de la indústria cinematogràfica índia, assentada concretament a Bombai, capital de l'Estat de Maharashtra i considerada el centre econòmic del país.

La característica més representativa d'aquestes pel·lícules són les escenes musicals. En el ball a l'estil de Bollywood es fusionen elements de la dansa oriental i de la dansa clàssica índia amb moviments procedents de balls folklòrics i d'altres estils més moderns com el *jazz*, el *funk*, el *hip-hop* o la salsa. Les coreografies acostumen a ser alegres i divertides, en grups grans i amb un gran colorit, en què es mesclen danses i cants tradicionals del país amb coreografies més pròpies del pop occidental.

El tema que ballarem, amb coreografia de Gregorio Vicente i Roberto Pujol, es titula *Rhada* i pertany a la pel·lícula *Student of the Year* (2012).

¿SAPS QUE...?

El terme *Bollywood* va sorgir en els anys setanta i prové del joc de les paraules entre *Bombai* i *Hollywood*, el centre de la indústria cinematogràfica dels Estats Units.

Resum coreogràfic

Per a fer la coreografia, els alumnes s'han de col·locar solts ocupant tot l'espai (files). En aquesta dansa podem diferenciar dues parts coreogràfiques:

- **Part A:** introducció amb música lenta durant la qual el grup roman estàtic en terra en posició de Buda (admet també la possibilitat que balle alguna ballarina solista).
- **Part B:** els participants es «desperten» i es van alçant per executar la resta de la coreografia. La música d'aquesta part és ràpida i animada, i la coreografia està caracteritzada pels denominats *mudres*, gestos que es fan amb les mans, considerats sagrats pels que els duen a terme.

QUADRE RESUM

Tendències musicals

La indústria discogràfica anglosaxona ha marcat les tendències del s. XXI.

La fusió de pop, *hip-hop* i *R&B* modern

Durant la primera dècada del segle XXI, pop, *hip-hop* i *R&B* es fusionen.

L'explosió de la nova música de ball i el pop electrònic

Al final de la primera dècada del segle XXI, la música de ball i el pop electrònic sorgeixen amb força i el *rock* perd força. Els sintetitzadors viuen una època daurada.

Els superproductors del segle XXI: el toc màgic

Proliferen duets, *remixs* i versions. Alguns dels productors més sol·licitats en l'actualitat són també grans remescladors, capaços d'imprimir més vitalitat a un tema apegalós, amb la qual cosa aconsegueixen moltes vegades fer més popular el seu *remix* que l'original.

La música independent arriba a les llistes

Internet ha ajudat a crear canals de promoció alternatius, fet que ha donat com a resultat una diversificació d'estils.

El pop britànic

En els noranta, la música independent passa de l'*underground* al *mainstream*. Sorgeixen alguns dels grups que han influenciat més el pop britànic: Oasis, Blur, Radiohead, etc., són els pares de grups com Coldplay.

La tornada al *punk* revisionat

Dos corrents: un de pròxim al *rock* i un altre amb influències de la música *disco*.

***Revival* dels huitanta**

La música dels últims anys no és de nova tendència, sinó que està influenciada fortament pels corrents dels anys setanta i huitanta.

El *rock* no passa pel millor moment

Grans tornades

Artistes d'altres èpoques han tornat a l'escenari i proliferen grups compostos per antics integrants de bandes mítiques.

No se n'han anat mai

Grups dels noranta continuen oferint grans treballs i de vegades marquen les directrius de l'època (U2, Green Day, Placebo, etc.).

El *rock* progressiu, últim bastió del *rock*

El *rock* progressiu és l'única tendència *rock* que sobreviu.

El pop més adult

El corrent de música eclèctica amb sonoritats acústiques és per a una minoria, mentre que l'influenciat pel *jazz* és el més escoltat.

La música dirigida al públic adolescent

El *pop-rock* adolescent

Aquesta tendència que oscil·la entre el pop i el *rock* va sorgir el 2002 (Avril Lavigne).

Influència dels xous d'impacte musicals

Al començament del segle XXI, sorgeixen els xous d'impacte de temàtica musical a la Gran Bretanya, als EUA i, després, a Espanya.

Disney Channel arrasa

Disney Channel i Nickelodeon han llançat als números u música dirigida, en un principi, al públic infantil o adolescent, amb artistes com Taylor Swift o Ariana Grande.

El fenomen fan

Aquest fenomen va començar en els anys cinquanta (Elvis) i ha arribat fins als nostres dies, amb artistes com Justin Bieber, l'èxit dels quals radica en l'ús de xarxes socials i de canals de difusió com el YouTube.

Apartats pràctics

Grans compositors	Mozart
Interpretem melodies conegudes	*Pompa i circumstància*
Batucada	Percussió corporal (I)
A cor	*Schuwi dua*
Tècnica instrumental: intervals en làmines	*Mediterranean sound*
En acústic: el fandango	*Aire de fandango*
Concert	*Electronic music*
Taller de danses del món	Índia, Bollywood

ACTIVITATS FINALS

1. Digues si les afirmacions següents són verdaderes (V) o falses (F) i, quan no siguen certes, indica quina seria l'opció correcta.

a) La indústria discogràfica llatinoamericana ha marcat les tendències de la música d'aquest principi de segle.

b) L'*R&B* contemporani té l'origen en la dècada dels seixanta, amb artistes com Michael Jackson.

c) El *funky* va aportar tant artistes que rapejaven com productors que van dotar de sonoritats una mica més agressives i contundents el fins llavors contingut *R&B* contemporani.

d) La música independent ha experimentat un gran auge gràcies a la promoció de què ha estat objecte per les grans companyies discogràfiques.

2. Completa les frases següents amb els termes que hi corresponguen.

a) La tendència musical predominant durant els últims anys és la fusió del pop amb estils com el ... o el ...

b) La música pop i la de ball adopten timbres més elaborats de la música electrònica, usant les tecnologies més modernes de producció musical. *Hung up* de ... (núm. 1 en quaranta-cinc països) enceta aquesta revisió de la música *disco*, continuada per ... i ...

c) ... perpetua l'època daurada del *soul* que va iniciar la desapareguda Amy Winehouse.

3. Respon a les qüestions següents.

a) El productor musical Max Martin ha aconseguit ser més reconegut que algunes de les estreles que produeix i ha començat una reeixida carrera en solitari. Anomena quatre artistes coneguts del panorama musical amb qui haja treballat.

b) Anomena almenys dos productors musicals espanyols i esmenta alguns dels grups amb què han treballat.

c) Què signifiquen els termes *underground* i *mainstream*?

d) Al principi dels noranta van sorgir alguns dels grups que han influenciat més el pop britànic del nostre temps. Sabries dir-ne el nom d'algun? Quins grups musicals famosos líders de vendes són representants d'aquest estil en l'actualitat?

e) Molts dels grups de *rock* que han sorgit durant l'última dècada estan influenciats per la música *punk* del final dels setanta. Es podria parlar de dos corrents musicals predominants. Podries explicar en què consisteix cada un i anomenar alguns artistes musicals que els exemplifiquen?

4. Analitza la influència dels xous d'impacte musicals en el panorama musical espanyol i dóna la teua opinió sobre aquests programes.
5. La factoria Disney s'ha ficat de ple en els últims anys en la indústria musical amb el llançament de joves artistes musicals.
   a) Podries esmentar-ne alguns?
   b) Quins requisits ha de reunir ineludiblement una *estrela musical de Disney*?
   c) En què penses que rau la clau del seu èxit?
6. Quan sorgeix el fenomen fan i com evoluciona? Anomena alguns dels artistes musicals més mediàtics de l'escena musical actual.
7. Tria dos dels artistes que s'anomenen en la unitat, investiga coses sobre ells i escriu una biografia breu de cada un en què ressenyes els aspectes més rellevants de la seua vida i la seua carrera musical.
8. Debat sobre l'originalitat de les obres artístiques després de veure el documental (subtitulat en castellà) *Everything is a Remix Part* (http://www.youtube.com/watch?v=nxrjsHSbHkY).
9. T'abelleix crear el teu propi grup musical virtual? Entra en la web següent: http://kids.nationalgeographic.com/kids/games/interactiveadven tures/music-mixer. Fes clic en el botó *start* i accediràs a la pantalla que tens davall. Pots editar el nom de la banda i dels seus membres, canviar l'instrument que toquen, triar l'estil musical de la cançó (*reggae, funk, hip-hop...*) i fer la teua pròpia mescla musical del tema afegint-hi fins a sis efectes, modificant o emmudint el volum de cada pista, etc.

3 EL MUSICAL

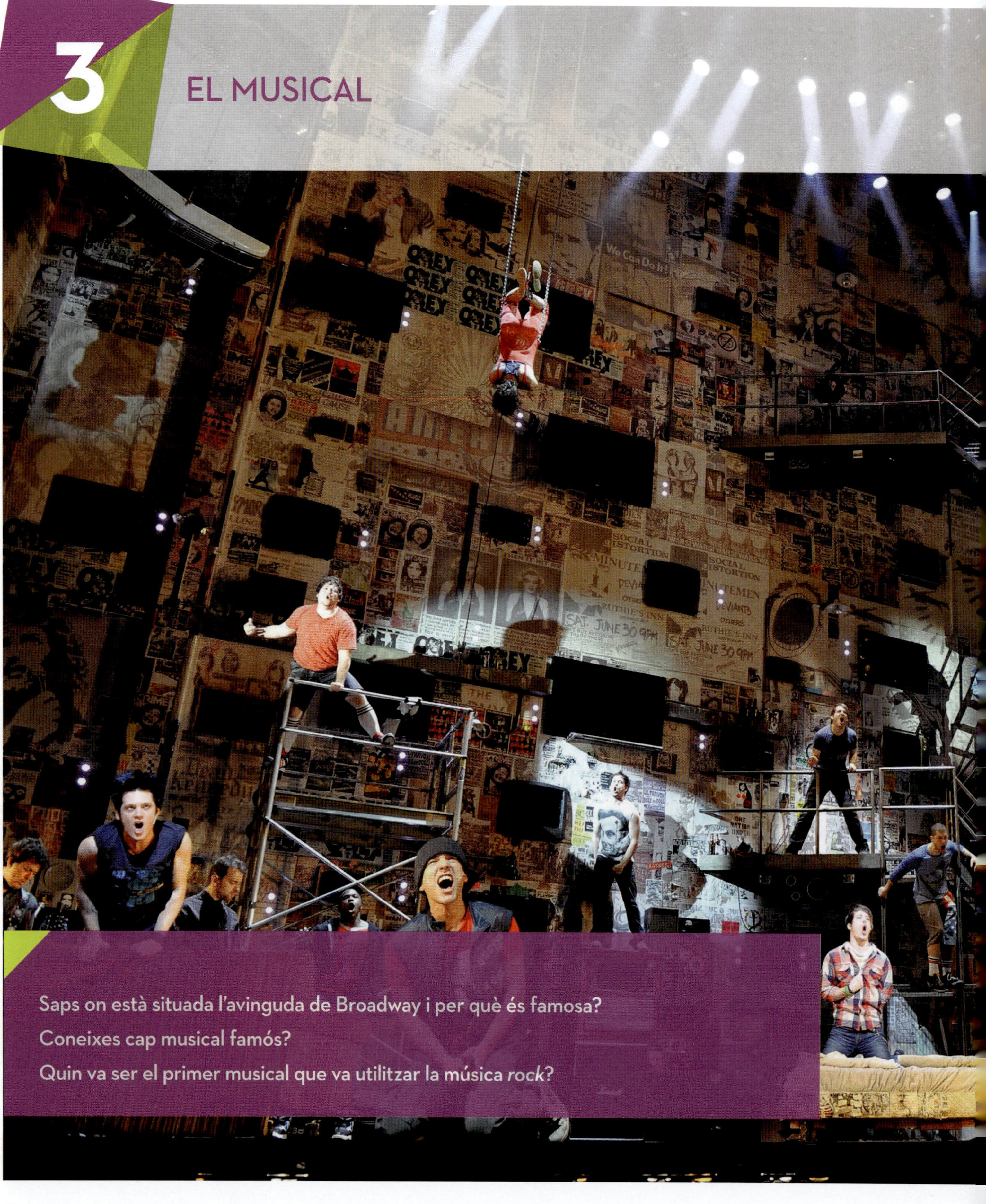

Saps on està situada l'avinguda de Broadway i per què és famosa?

Coneixes cap musical famós?

Quin va ser el primer musical que va utilitzar la música *rock*?

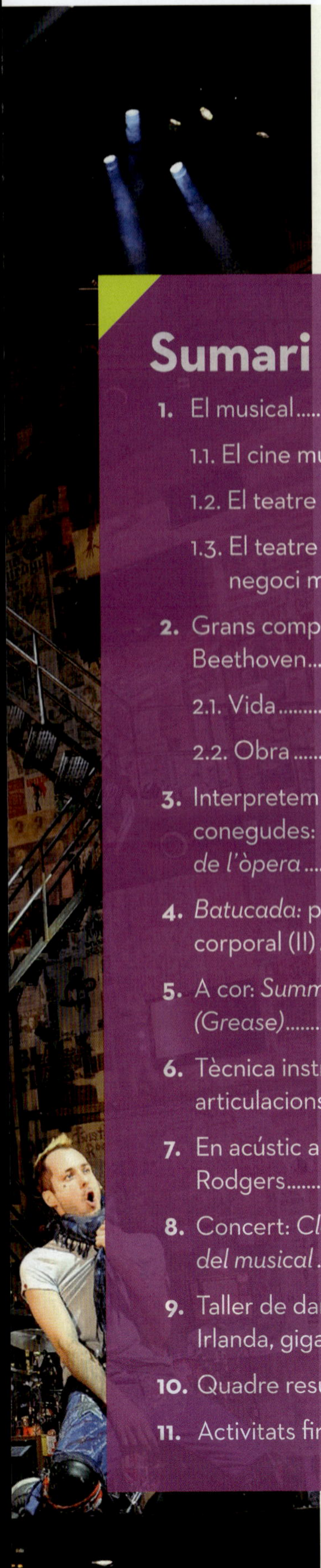

Sumari

1. El musical 64
   - 1.1. El cine musical 64
   - 1.2. El teatre musical 65
   - 1.3. El teatre musical: un negoci molt rendible 67
2. Grans compositors: Beethoven 68
   - 2.1. Vida 68
   - 2.2. Obra 68
3. Interpretem melodies conegudes: *El fantasma de l'òpera* 69
4. *Batucada:* percussió corporal (II) 70
5. A cor: *Summer nights (Grease)* 72
6. Tècnica instrumental: articulacions en la flauta 73
7. En acústic amb Richard Rodgers 74
8. Concert: *Clàssics del musical* 76
9. Taller de danses del món: Irlanda, giga 79
10. Quadre resum 80
11. Activitats finals 82

Un documental

***Broadway: el musical americano.* Director: Michael Cantor.** Editorial Divisa Home Vídeo, 2004.

Al llarg de sis episodis, s'exploren les diverses etapes que han anat forjant la història del teatre musical als Estats Units i se centra tota l'atenció en els espectacles i en les cançons que van definir cada període. L'actriu i cantant Julie Andrews presenta aquesta aclamada sèrie guardonada amb dos premis Emmy.

Un CD

***Jesucristo Superstar.* Versió espanyola.** Editorial Sony BMG, 2006.

Per a commemorar el 30é aniversari de la primera representació a Espanya d'aquest musical, es va reeditar el doble CD amb la gravació completa, remasteritzada digitalment a partir de les cintes analògiques originals. S'hi va respectar el disseny original complet que tenia el doble LP publicat el 1975 i s'hi van incloure les fotografies de la representació i les lletres de les cançons.

Una pel·lícula

***El fantasma de la ópera.* Director: Joel Schumacher. Música: Andrew Lloyd Webber.** Aurum Producciones, 2004.

Versió cinematogràfica que mira de recrear l'estètica de la versió d'aquest musical portada al teatre per Lloyd Webber, en què es poden escoltar unes bones interpretacions de la seua música.

Figura 3.1. Amb gairebé quaranta teatres, la gran avinguda de Broadway, de 25 km de longitud, ha quedat lligada al gènere del musical a causa de la concentració d'aquests espectacles en aquesta zona de Nova York i al fet que molts dels musicals s'han estrenat allà.

1 El musical

El teatre musical és un gènere que ha experimentat un gran apogeu en aquests últims anys.

Al llarg d'aquesta unitat coneixerem algunes de les obres més representatives d'aquest gènere, que s'ha anomenat «de Broadway» (Fig. 3.1), en al·lusió al famós carrer de Nova York on es concentra la representació d'aquests espectacles pràcticament des de l'origen.

En altres ciutats també hi ha zones on s'aglutinen aquests espectacles i, així, la segona en importància, després de Nova York, és Londres, concretament la zona del West End. En el cas de Madrid, el carrer de la Gran Via s'ha convertit també, en els últims anys, en un petit Broadway.

Tot i que són gèneres diferents, el cine i el teatre musical han anat sempre molt units. Així, doncs, si fem un recorregut històric per tots dos gèneres, podem trobar, d'una banda, pel·lícules que s'han adaptat al teatre musical i, de l'altra, musicals de Broadway que s'han adaptat a la gran pantalla després d'haver estat un èxit en el teatre.

1.1. El cine musical

Una **pel·lícula musical** es caracteritza perquè conté un nombre considerable de fragments musicals cantats o acompanyats de coreografies.

ACTIVITATS

1. Com a exemples de cine musical, et convidem a veure dues escenes de pel·lícules pertanyents a diferents períodes.

El primer exemple ens situa en l'època daurada del cine musical i conté una de les escenes més mítiques d'aquest gènere: pertany a la pel·lícula *Cantant sota la pluja*, estrenada el 1952. En aquesta escena pots veure el protagonista, el ballarí Gene Kelly, en una coreografia del tema *Singing in the rain* que dóna títol a la pel·lícula; en l'apartat «Concert» tindràs oportunitat d'interpretar-ne una versió.

a) Investiga en Internet i esbrina el nom de la companya de repartiment de Kelly en la pel·lícula i les complicacions que van sorgir entre tots dos en el rodatge.

El segon exemple pertany a la pel·lícula *Fama*, que es va estrenar el 1980, època en què el cine musical ja era un gènere en declivi. Aquesta pel·lícula recrea les il·lusions, els somnis, les lluites i les decepcions d'un grup d'estudiants de l'Escola d'Art Dramàtic de Nova York. L'èxit del film va donar lloc a una sèrie de televisió ben popular al cap de dos anys i a una versió de teatre musical.

b) La pel·lícula va obtenir nombrosos premis; entre altres, quatre Oscar, dos BAFTA i uns quants Globus d'Or; un va ser l'Oscar a la millor cançó original. Esbrina el nom de la cantant que la interpretava.

1.2. El teatre musical

El **teatre musical** s'ha mantingut viu al llarg de diverses dècades. Les obres més representatives han aguantat anys en la cartellera i moltes ressorgeixen ara amb nous productors que en creen versions actualitzades. En aquest sentit, alguns especialistes en el gènere critiquen el fet que no es creen musicals de qualitat, sinó que es viu d'allò que es va crear al seu moment.

Ara coneixerem algunes de les obres més representatives d'aquest gènere:

1967. *Hair*. El *rock* entra en el musical

El musical *Hair* (Fig. 3.2) va comportar, durant els anys seixanta, una veritable revolució en el món del teatre musical. Ambientat en la cultura *hippy* d'aquesta dècada, i amb un caràcter antibel·licista ben marcat (Guerra del Vietnam), presenta, com a innovació musical principal, l'entrada de la música *pop-rock* en aquest gènere. Algunes d'aquestes cançons, com la d'*Aquarius*, s'han fet molt famoses.

L'any 2005 es va estrenar una altra versió d'aquest musical a Londres, amb els textos actualitzats i ambientada en la Guerra del Golf del 2003. El 1979, el director Milos Forman ja havia portat aquest musical a la gran pantalla.

1970. Lloyd Webber i el seu *Jesucrist Superstar*

El compositor anglès Andrew Lloyd Webber és una figura fonamental en el desenvolupament del teatre musical. Autor de musicals com *Evita* (1976), *Cats* (1981) o *El fantasma de l'òpera* (1986), ha aportat, juntament amb la factoria Disney, un element que ha estat fonamental per a l'èxit d'aquest gènere: l'espectacularitat de l'escenografia i de la coreografia.

Però potser l'obra més emblemàtica d'aquest compositor és *Jesucrist Superstar*, una òpera *rock* ambientada en l'última setmana de la vida de Jesucrist. La crítica ha lloat de manera unànime la qualitat musical d'aquesta obra que, quan es va estrenar el 1971 a Broadway, va generar protestes de grups religiosos perquè presentava una imatge massa «humana» de la figura de Jesús.

Jesucrist Superstar s'ha convertit en un fenomen cultural que es continua representant als escenaris teatrals d'arreu del món.

El 1973, aquest musical va ser adaptat al cine pel director Norman Jewison.

AUDICIÓ

- (CD 1) ▶ Escolta un fragment d'*Aquarius*, el tema més emblemàtic del musical *Hair*.
- (CD 2) ▶ Escolta uns quants fragments de la versió espanyola del musical *Jesucrist Superstar*, que es va estrenar a Madrid l'any 1975, amb Camilo Sesto fent de Jesús, la cantant dominicana Ángela Carrasco fent de Maria Magdalena i Teddy Bautista fent de Judes.

Figura 3.2. Representació del musical *Hair*.

SAPS QUE...?

El musical *Hair* va desafiar moltes de les «normes» establides per la societat occidental en aquella època i va causar controvèrsia des que es va estrenar. En concret, el final de l'Acte I, en què els actors i les actrius ixen nus a l'escenari, va generar molta polèmica.

ATENCIÓ

A partir d'ara faràs servir el CD2.

CURIOSITATS

Els musicals menys comercials i amb un pressupost més baix es representen en, aproximadament, quaranta teatres menuts dispersos per tot Manhattan, molts fora de la gran avinguda de Broadway. És allò que es coneix com a Off-Broadway.

1980. Els miserables. Literatura feta música

El musical *Els miserables* (Fig. 3.3) és un exemple magistral d'unió entre literatura i música de qualitat. Basat en l'obra del mateix nom de Victor Hugo i amb la música de Claude-Michel Schönberg, es va estrenar a París l'any 1980. El 1982 se'n va adaptar una versió en anglés que va aportar elements escènics i musicals nous a l'obra. Aquesta versió es va estrenar a Londres el 1985 i va ser rebuda amb entusiasme tant per la crítica com pel públic. L'any 2006, el musical va celebrar el vinté primer aniversari en el cartell, de manera que va esdevenir l'espectacle que s'ha interpretat durant més temps en la història del West End londinenc. A Broadway es va estrenar el 1987 i va romandre en el cartell fins l'any 2003.

Els miserables, més que un simple musical, és pràcticament una òpera o, almenys, una òpera *rock*, en què s'utilitzen, a més, elements propis de l'orquestra tradicional, percussions i sintetitzadors, tan de moda en els anys huitanta.

Està considerat, unànimement, com un dels millors musicals de tots els temps. N'és prova el fet que l'obra s'ha representat en trenta-huit països i s'ha traduït a vint-i-dos idiomes.

Figura 3.3. Representació del musical *Els miserables*, que es va estrenar a Madrid l'any 1992 i que va implicar l'impuls definitiu a la introducció del gènere a Espanya, on, fins llavors, no tenien lloc aquest tipus d'espectacles.

AUDICIÓ

▶ Escolta un fragment de la balada *On my own*, que pertany al musical *Els miserables*.

1984. Stephen Sondheim. L'altra cara del musical

L'apogeu dels musicals de gran pressupost i de caràcter comercial ben marcat ha fet que altres obres de qualitat pertanyents a aquest gènere, com el musical *Sunday in the park with George*, de Stephen Sondheim, siguen menys conegudes per al gran públic.

Estrenat a Broadway l'any 1984, aquest musical està inspirat en el quadre *Un diumenge d'estiu a l'illa de la Grande Jatte* (Fig. 3.4), del pintor Georges Seurat. Se'n va fer una versió nova a Londres i va tornar també a la gran avinguda de Nova York l'any 2008.

Sondheim ha demostrat ser un visionari en el món del teatre musical. La seua música no sempre és fàcil de taral·larejar i els seus musicals no cerquen tant el costat comercial com l'artístic. És per això que uns quants no han arribat a la Gran Avinguda, sinó que s'han estrenat a l'«Off-Broadway». No obstant això, Sondheim ha estat qualificat per alguns crítics especialitzats com «el més gran i, potser, l'artista més reconegut del teatre musical nord-americà». És un dels pocs guanyadors dels Premis de l'Acadèmia (els Oscar), de nombrosos premis Tony (concretament, set) —més que qualsevol altre compositor—, de molts premis Grammy i, fins i tot, d'un premi Pulitzer per aquest musical.

Figura 3.4. *Un diumenge d'estiu a l'illa de la Grande Jatte*, quadre de Georges Seurat en què està basat el musical *Sunday in the park with George*.

DVD PROFESSOR

Vídeo d'un dels números d'aquest musical en què els actors reconstrueixen el quadre de Georges Seurat, que va cobrant vida per mitjà de la veu de cada personatge.

1990. Disney. Fantasia a l'escenari

Els anys noranta van ser testimoni de la irrupció en el teatre musical de la factoria Disney, que va bolcar tot el seu poder econòmic en muntatges espectaculars plens d'efectes especials i coreografies ben vistoses, seguint el camí encetat pels musicals de Lloyd Webber.

El primer d'aquests musicals va ser *La Bella i la Bèstia*, que es va estrenar a Broadway el 1994 i on es continua representant actualment. Està basat en la reeixida pel·lícula del mateix nom del 1991. El segon gran muntatge teatral basat en pel·lícules d'animació de Disney ha estat *El rei lleó* (Fig. 3.5). A més, la coneguda factoria també ha produït la versió teatral del famós musical cinematogràfic *Mary Poppins*.

DVD PROFESSOR

Vídeo sobre el paper, ben rellevant, que va exercir la factoria Disney en el ressorgiment del gènere musical.

WEB DE RECURSOS

En el web de recursos pots trobar informació sobre un altre musical ben emblemàtic, *Cabaret*.

Figura 3.5. Escena del musical *El rei lleó*.

1.3. El teatre musical: un negoci molt rendible

L'apogeu que va experimentant el teatre musical ha implicat que els productors de grups musicals com Queen, ABBA o Mecano, entre altres, hagen vist en aquest gènere la possibilitat de tornar a fer actual la seua música i, al mateix temps, de generar ingressos ben suculents amb espectacles musicals ben ambiciosos basats en les seues cançons més famoses.

No obstant això, aquesta modalitat nova del teatre musical ha generat crítiques ben dures dels defensors del musical clàssic, que addueixen que es creen arguments artificials i, de vegades, fins i tot ridículs, per a poder enllaçar tota una sèrie de cançons entre les quals no hi ha cap relació temàtica.

Malgrat tot, el públic no es resisteix a escoltar les cançons dels seus grups preferits acompanyades d'espectacles escènics ben vistosos i, així, produccions com *We will rock you*, amb música de Queen, i *Hoy no me puedo levantar*, amb música de Mecano, han tingut un gran èxit. D'altres, com el musical *Mamma mia!*, basat en temes del grup ABBA, han anat més enllà i s'han adaptat al cine amb actors de renom com Meryl Streep.

DVD PROFESSOR

Hi pots veure un fragment de la pel·lícula musical *Mamma mia!*

Figura 3.6. L. van Beethoven.

2 Grans compositors: Beethoven

«El geni es compon del dos per cent de talent i del noranta-huit per cent d'aplicació perseverant.» (Beethoven)

2.1. Vida

Ludwig van Beethoven va nàixer a la ciutat de Bonn (Alemanya) el 16 de desembre de 1770. L'avi era músic, igual que el pare. El seu progenitor va ser un professor molt rigorós i exigent, encabotat a fer del fill un xiquet prodigi semblant a Mozart, però sense aconseguir-ho, i fent, a més, que la infantesa de Beethoven no fóra la més adequada per a un xiquet.

Quan encara era molt jove, la mort de la mare i els problemes del pare amb l'alcohol van obligar Beethoven a mantenir la família treballant com a músic a la cort. A vint-i-dos anys es va establir de manera estable a Viena, centre europeu de la música, on es va guanyar ben prompte el respecte i l'admiració dels compositors i del públic. Al cap de molt poc temps, se'l va requerir per a actuar davant dels reis i per a tocar a les ciutats principals d'Europa.

La seua carrera com a intèrpret, però, es va interrompre bruscament com a conseqüència de la sordesa que el va començar a afectar a vint-i-sis anys i que, a quaranta-cinc anys, el va privar per complet de la facultat auditiva. Tanmateix, no va deixar de compondre i algunes de les obres més innovadores i personals les va crear quan ja estava completament sord. Beethoven va morir el 26 de març de 1827. Considerat un dels grans genis de la música, va ser el precursor de l'estil musical del romanticisme.

SAPS QUE...?

Beethoven estimava tant la natura fins al punt que va dir «M'estime mil vegades més els arbres que qualsevol persona.»

2.2. Obra

Beethoven va compondre música per a pràcticament tots els gèneres musicals i per a moltes combinacions variades d'instruments. Per a orquestra va destacar amb les simfonies i els concerts, i també va conrear la música de cambra i pianística. Encara que la producció instrumental és el gros de la seua obra, també va entrar en l'àmbit de la música vocal, en què va compondre, entre altres obres, una òpera i dues misses.

Com a intèrpret, va ser un gran pianista amb grans dots per a la improvisació.

Escolta alguns fragments de la seua genial música: 4

Bagatel·la per a piano *Per a Elisa; 6a simfonia* «pastoral» *OP. 68; Oda a l'alegria.*

PER A SABER-NE MÉS

Si vols saber més coses sobre aquest compositor tan genial, pots veure la pel·lícula *Amor immortal,* ambientada en la seua vida.

ACTIVITATS

2. Esbrina el veritable títol de la peça per a piano *Per a Elisa.*

3. Després d'escoltar-ne el 2n fragment, per què penses que es va anomenar «pastoral» la *6a simfonia*?

4. A quin gènere musical i a quina obra en concret pertany l'*Oda a l'alegria* que acabes d'escoltar? Era propi d'aquest gènere l'ús d'un cor?

3 Interpretem melodies conegudes: *El fantasma de l'òpera*

En aquesta unitat interpretaràs alguns dels temes romàntics d'un dels musicals més famosos de la història, *El fantasma de l'òpera*, amb música del prolífic compositor de musicals Andrew Lloyd Webber.

Figura 3.7. Escenificació d'*El fantasma de l'òpera*.

El fantasma de l'òpera

Mús.: Andrew Lloyd Webber
Adapt. i acomp.: J. Palazón/J. L. Salas

WEB DE RECURSOS

En el web de recursos pots trobar indicacions gràfiques dels acords per a guitarra i piano.

4 *Batucada:* percussió corporal (II)

RECORDA

Bombo = palmada al pit.

Caixa = palmada.

Xarleston = xiulets (fer petar els dits).

En la Unitat 2 has aprés a fer el ritme de la bateria amb la percussió corporal. Ara ampliarem aquest treball amb variacions sobre aquest patró bàsic. Continuarem utilitzant els mateixos elements corporals per a imitar els sons bàsics de la bateria, tot i que aquesta vegada el ritme varia una mica.

PRIMERA PERCUSSIÓ HUMANA.

El patró que has treballat en la Unitat 2 l'anomenarem *patró base*, i les tres variacions que hi has de fer les anomenarem *Variació I, Variació II* i *Variació III*, respectivament. Vegem com funcionen.

Recorda que en el ***patró base*** els colps de *bombo* (pit) se situaven en les pulsacions 1 i 3, i els de *caixa* (palmades) en les pulsacions 2 i 4:

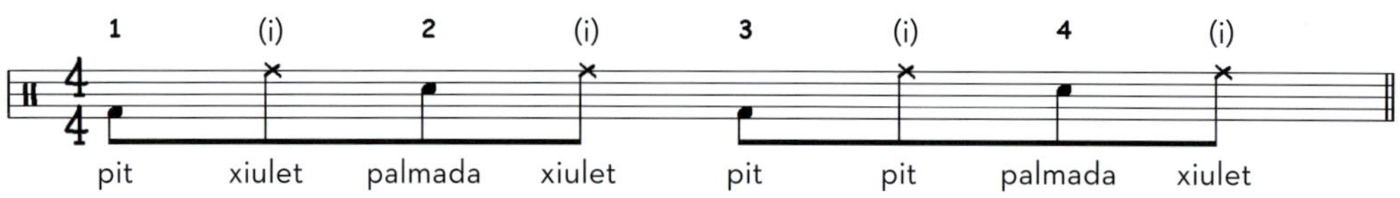

Ara practicarem la ***Variació I,*** en què trobarem un doble bombo en la pulsació número 3. Això és molt típic dels patrons de bateria en moltes cançons de pop i de *rock*. Però observa que, com que hi ha dos colps en la pulsació 3, el xiulet corresponent desapareix:

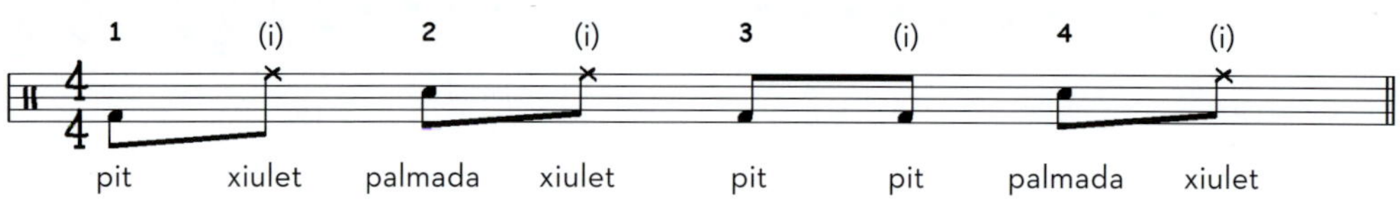

ACTIVITATS

5. Practica la *Variació I* molt a poc a poc comptant tots els colps (recorda incloure-hi la *i* dels xiulets).

7 **6.** Una vegada controlat aquest patró, torna'l a tocar, aquesta vegada sobre un tema musical. Et proposem el tema *Miedo* del grup M-Clan. En aquest tema el bateria utilitza exclusivament la *Variació I,* sense comptar redoblaments ni detalls menors.

Amb la pràctica de l'activitat anterior, de segur que has sentit la responsabilitat rítmica que té un bateria, ja que no pot perdre la concentració rítmica ni un segon. Ara, ampliarem una mica més el ventall de possibilitats del patró inicial fent-ne una segona variació que anomenarem *Variació II.*

La ***Variació II*** que et proposem a continuació consisteix a tocar un doble bombo en les pulsacions 1 i 3:

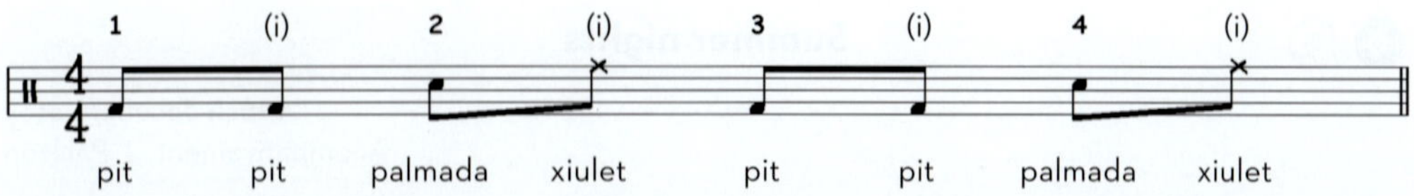

L'últim patró que treballaràs és una variant de fer petar els dits o xiulet de la pulsació 4. Ara, en compte de fer un únic xiulet (corxera), faràs un doble xiulet (semicorxeres) alternant-lo entre la mà dreta i la mà esquerra. Tot això ho has de practicar, en un principi, sobre el ***patró base.*** A continuació pots veure la ***Variació III:***

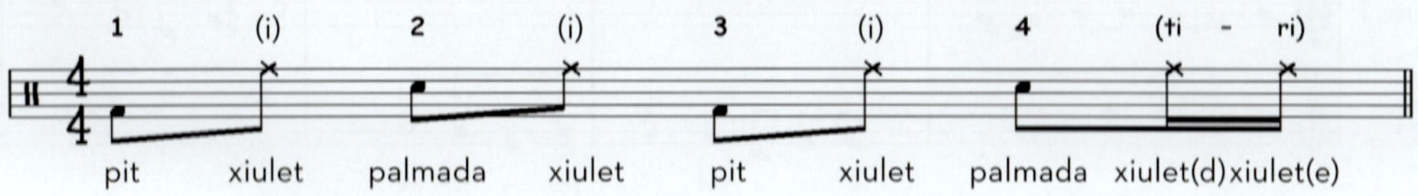

La indicació xiulet(d) i xiulet(e) fa referència a fer petar els dits amb la mà dreta i amb l'esquerra, respectivament. També pots executar aquestes semicorxeres percudint sobre les cuixes.

ACTIVITATS

7. Interpreta amb la percussió corporal la partitura que hi ha més avall. Fes-ne, primerament, una lectura en què indiques en cada cas quin patró s'hi ha utilitzat, si el bàsic o alguna variació. Treballa sempre a poc a poc. La partitura conté algun compàs en ritme «lliure» (estan ombrejats). Analitza com els hauries de tocar.

WEB DE RECURSOS

En la web de recursos pots trobar un vídeo amb aquest exercici interpretatiu.

Figura 3.8. Imatge de la pel·lícula *Grease.*

5 A cor: *Summer nights* (*Grease*)

Ara interpretarem un dels temes més famosos de la banda sonora de la pel·lícula musical *Grease* (Fig. 3.8), que es va estrenar el 1978 i es va basar en el musical creat per Jim Jacobs i Warren Casey, amb el mateix títol (1972).

Summer nights

Mús.: Jacobs/Casey
Acompanyament: J. Palazón

WEB DE RECURSOS

En el web de recursos pots trobar la partitura completa i la lletra d'aquest tema, que cal per a fer-ne una interpretació completa.

a AUDICIÓ

▶ Escolta aquesta cançó interpretada per la Coral Discantus. Pots demanar ajuda al professor d'anglés per a poder pronunciar correctament el text.

6 Tècnica instrumental: articulacions en la flauta

Tornem ara a estudiar la flauta treballant sobre els diferents tipus d'*articulació*. Recorda que amb les diferents *articulacions* obtenim una música més expressiva. Tot seguit, hi ha la representació d'aquestes articulacions i el significat corresponent:

normal  Emissió normal de sons.

picat  Tocar els sons curts, gairebé a la mitat de la durada que representen.

lligat  Els quatre sons són emesos amb una emissió d'aire.

accents  Els sons s'interpreten amb una mica més d'intenció i de força.

Practica com a calfament algun exercici que et propose el professor.

Exercici interpretatiu

Polinèsia clàssica

Mús.: J. Palazón/J. L. Salas

7 En acústic amb Richard Rodgers

En aquesta unitat has d'interpretar un arranjament de la popular cançó ***Blue moon,*** composta durant els anys trenta per Richard Rodgers i Lorenz Hart (música i lletra, respectivament) per a una pel·lícula de Jean Harlow i, des de llavors, l'hem poguda escoltar com a fons en escenes romàntiques o melancòliques de nombroses pel·lícules. Elvis Presley, Glenn Miller, Dizzy Gillespie, Louis Armstrong, The Platters, Frank Sinatra, Bob Dylan o Rod Stewart són només alguns dels grans artistes que han fet versions d'aquest tema musical.

Blue moon

Mús.: R. Rodgers
Arranjament: R. Cavas

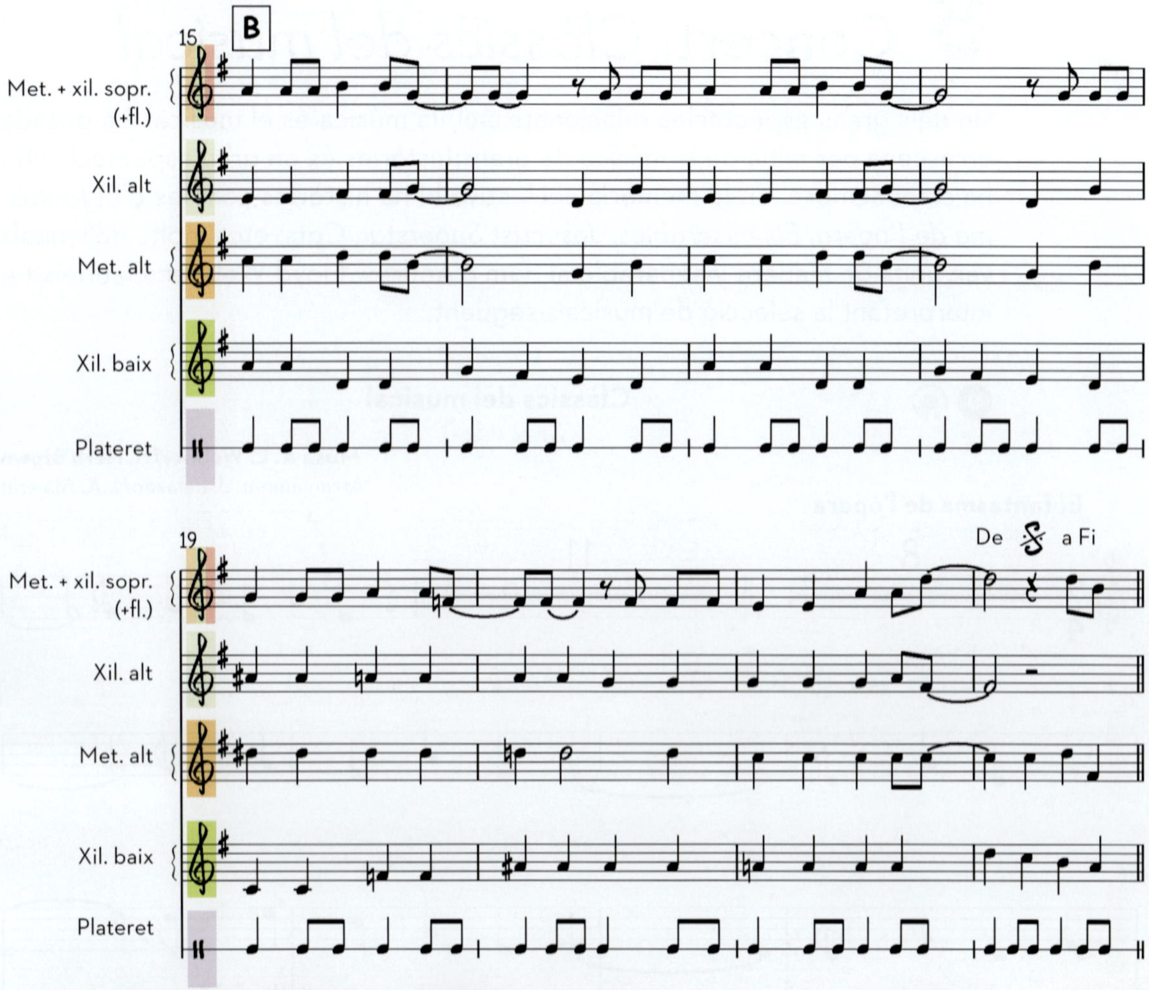

Figura 3.9. Una versió molt popular de *Blue moon* és la que en va fer el grup de *doo-wop* The Marcels.

SAPS QUE...?

S'anomena *blue moon* (lluna blava) la segona lluna plena que es pot observar en un mateix mes. Aquest fenomen és poc habitual, ja que té lloc cada dos anys i mig. Per això, l'expressió «*once in a blue moon*» s'utilitza per a referir-se a una cosa que passa molt rarament.

8 Concert: *Clàssics del musical*

Un dels grans espectacles relacionats amb la música és el musical. La posada en escena per mitjà de la música de grans històries és un gran espectacle i ho ha estat sempre. En la memòria col·lectiva hi ha històries com les d'*El fantasma de l'òpera, Els miserables, Jesucrist Superstar, Cats*, etc., molts dels quals van units de manera inseparable al nom d'Andrew Lloyd Webber. Gaudeix-ne interpretant la selecció de musicals següent.

Clàssics del musical

Mús.: A. L. Webber/N. Herb Brown
Arranjament: J. Palazón/J. A. Alajarín

El fantasma de l'òpera

Cantant sota la pluja

Jesucrist Superstar

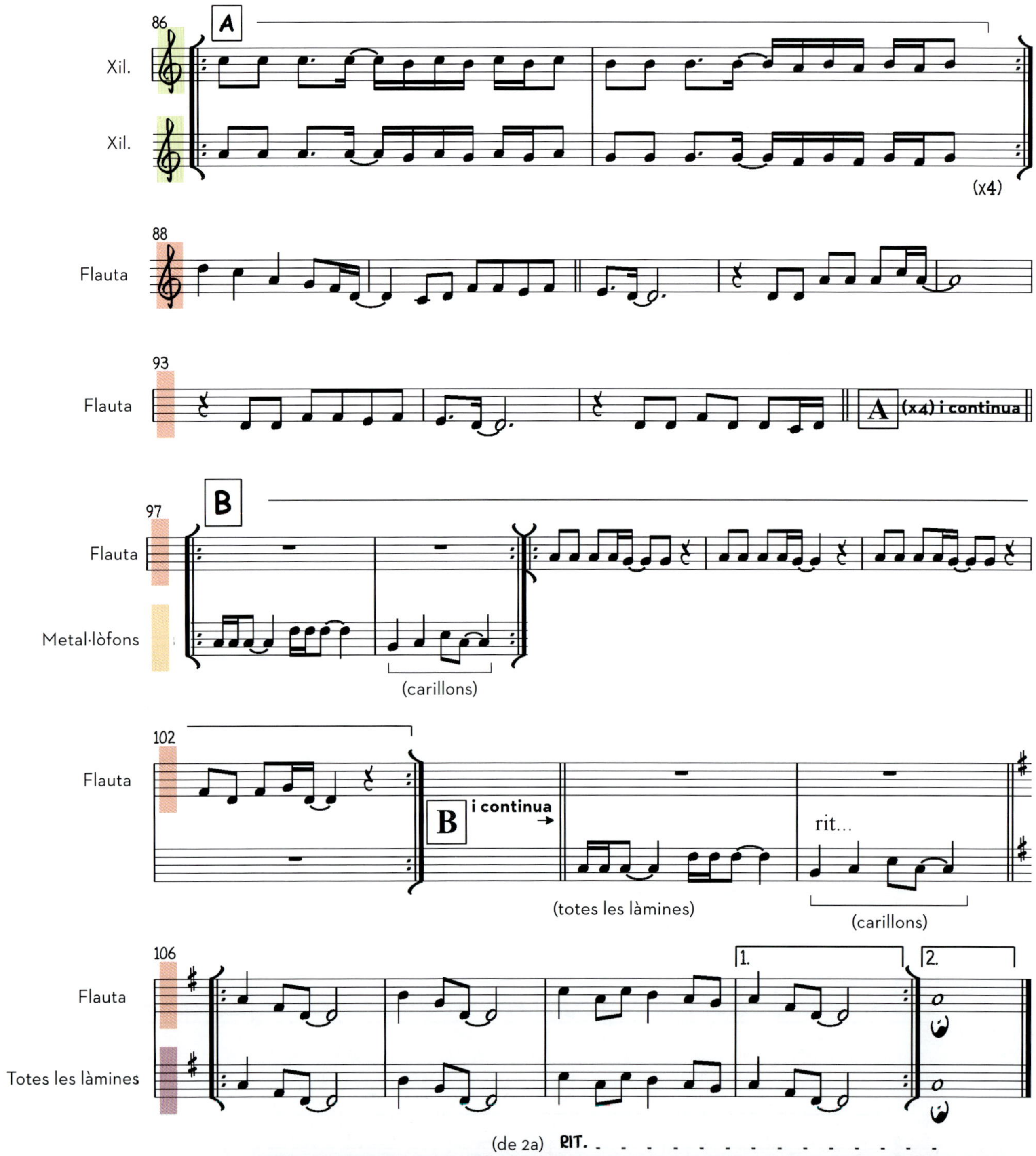

Figura 3.10. Escena del musical *Jesucrist Superstar*.

9 Taller de danses del món: Irlanda, giga

En aquesta unitat ballarem una giga irlandesa. La **giga** és un ball tradicional que va sorgir a la zona d'Anglaterra i d'Irlanda al voltant del segle XVI i que es va fer també popular a Escòcia. És una dansa alegre en què es fan passos ràpids, saltats i, de vegades, molt complexos, encara que la versió que ballaràs amb els companys és una coreografia per a grup bastant senzilla.

El terme **giga** sembla que procedeix del francés *giguer*, que significa joguinejar o saltar. La música de les gigues està escrita normalment en compassos de subdivisió ternària com el 3/8 o el 6/8. Un ritme molt típic d'aquesta dansa és el següent:

SAPS QUE...?

En el Barroc, compositors com Johann Sebastian Bach van incorporar la giga com a últim moviment de les seues *suites*.

Resum coreogràfic

La coreografia que has d'aprendre per a la giga s'inicia fent rogle i l'evolució general del moviment es fa en el sentit contrari a les agulles del rellotge.

Hi podem diferenciar dues parts:

- Part A, en què s'alterna el moviment circular del rogle amb les entrades i les eixides cap al centre en determinats moments.
- Part B, en què els dansaires fan moviments i figures per parelles. Una d'aquestes figures es denomina molinet i és molt típica en les danses irlandeses.

CURIOSITATS

La gran *céilí* és una dansa típica d'Irlanda, que es balla en el Festival de Sant Patrici (festa nacional en honor del sant patró d'Irlanda) i està caracteritzada pels salts, les cabrioles i l'estil tan peculiar de taloneig irlandés.

QUADRE RESUM

El musical

El cine musical es caracteritza perquè té un nombre considerable de fragments musicals cantats o acompanyats de coreografies.

Les obres més representatives del teatre musical han estat anys en la cartellera i moltes ressorgeixen actualment amb versions noves i productors nous.

Els «carrers musicals» més representatius del món són:

- Nova York: Broadway.
- Londres: West End.
- Madrid: Gran Via.

Musicals representatius del gènere

Hair **(1967)**

- Va comportar una revolució en el món del teatre musical.
- Primer musical que utilitza la música *rock*.
- Té una ambientació *hippy*.
- Transmet un missatge antibel·licista.

Jesucrist Superstar **(1975)**

- El compositor, Andrew Lloyd Webber, és una figura fonamental en el desenvolupament del teatre musical.
- Lloyd és l'autor d'altres musicals ben famosos, com *Cats* o *El fantasma de l'òpera*.
- *Jesucrist Superstar* és una òpera *rock* que escenifica l'última setmana de vida de Jesucrist.
- Aquest musical s'ha convertit en un fenomen cultural que es continua representant als escenaris teatrals d'arreu del món.

Els miserables **(1980)**

- Basat en l'obra de Victor Hugo, és un exemple magistral d'unió de música i de literatura.
- Més que un musical, és una òpera *rock*. S'hi utilitzen sintetitzadors i percussions.
- És l'espectacle musical que més temps s'ha representat al West End londinenc.
- S'ha representat en quaranta-dos països i s'ha traduït a vint-i-dos idiomes.

***Sunday in the park with George* (1984)**

- Representa la cara menys comercial del musical.
- Està basat en el quadre del pintor Georges Seurat, *Un diumenge d'estiu a l'illa de la Grande Jatte*.
- L'autor, Stephen Sondheim, ha estat qualificat com el més gran i un dels artistes més reconeguts del teatre musical nord-americà.
- Sondheim va guanyar el premi Pulitzer per aquest musical.

Musicals de Disney

- Disney va irrompre en el terreny del teatre musical durant els anys noranta.
- Va invertir molts diners per a crear muntatges espectaculars amb molts efectes especials i coreografies ben vistoses.
- El primer musical de la factoria és *La Bella i la Bèstia* (1994).

Musicals basats en cançons de grups

L'apogeu del teatre musical ha menat els productors de grups musicals coneguts a posar en escena temes reeixits i a tornar a fer actual, així, la seua música.

Exemples de musicals de grups coneguts: *We will rock you, Hoy no me puedo levantar* o *Mamma mia!*, entre altres.

Apartats pràctics

Grans compositors	Beethoven
Interpretem melodies conegudes	*El fantasma de l'òpera*
Batucada	Percussió corporal (II)
A cor	*Summer nights (Grease)*
Tècnica instrumental: articulacions en la flauta	*Polinèsia clàssica*
En acústic amb Richard Rodgers	*Blue moon*
Concert	*Clàssics del musical*
Taller de danses del món	Irlanda, giga

ACTIVITATS FINALS

1. **Per què el gènere del musical se l'ha anomenat «de Broadway»?**
2. **En què es diferencia Broadway d'Off-Broadway? Com s'anomena la zona on es concentren els musicals de Londres?**
3. **Respon a les qüestions següents sobre cada un dels musicals que s'hi indiquen:**

a) ***Hair***

- En quina dècada es va estrenar?
- En quina cultura de l'època està ambientat?
- Quina n'és la innovació musical principal?
- Anomena'n alguna de les cançons.

b) ***Jesucrist Superstar***

- Quin any es va estrenar?
- Com va ser rebuda per la crítica? I pel públic?
- Quins cantants interpretaven els personatges de Jesús, de Maria Magdalena i de Judes en la versió espanyola d'aquest musical?
- Anomena tres musicals més de l'autor Lloyd Webber.
- En quina data es va adaptar al cine?

c) ***Els miserables***

- En quina obra literària està basada i qui n'és l'autor?
- Digues el nom del compositor de la música.
- En quina ciutat i quin any es va estrenar per primera vegada?
- A quin idioma es va adaptar amb un gran èxit el 1985?
- Quins instruments, a més dels de l'orquestra tradicional, acompanyen els intèrprets d'aquest musical?
- Quina rellevància té dins del gènere del musical?
- En quants països s'ha representat i a quants idiomes s'ha traduït?

d) ***Sunday in the park with George***

- Indica el nom de l'autor d'aquest musical.
- Com ha estat qualificat aquest autor per la crítica especialitzada en relació amb la seua faceta com a autor de teatre musical?
- Indica alguns dels premis amb què ha estat guardonat tant per aquesta obra com per altres obres del gènere.
- En quina obra pictòrica està inspirat el musical? Digues-ne el títol i indica també el nom del pintor.

e) **Altres musicals**

- Assenyala el títol de tres musicals de la factoria Disney.

- Indica el nom de tres musicals més que estiguen basats en la discografia d'un grup musical.
- Mira la cartellera musical actual i esmenta tres musicals que no hagen estat anomenats en el llibre.

4. Quin element ben important van aportar Lloyd Webber i Disney al teatre musical?

5. Quin és el musical que s'ha representat a Londres durant més temps? Quants anys va estar en el cartell exactament?

6. Escriu en el teu Llibre de Treball cada un dels títols següents davall de la columna que corresponga, depenent de si se'n van fer versions abans en el cine o en el teatre.

Grease, Jesucrist Superstar, El fantasma de l'òpera, Fama, La Bella i la Bèstia i *Cabaret*.

Columna A	Columna B
1r Teatre 2n Cine	**1r Cine 2n Teatre**

7. Llig els fragments següents extrets d'articles escrits per crítics musicals i assenyala quins aspectes hi critiquen, i també si estàs d'acord amb cada posició o si et sembla molt radical.

«El teatre musical va perdre la màgia el dia que els productors van substituir els escriptors com a responsables principals de la creació del producte.»

«Se'm trenca el cor, però el musical clàssic és mort. Podem tornar a posar en escena les millors produccions d'una altra època, però ja no hi caben nous musicals reeixits que s'inscriguen en la tradició.»

8. Investiga:

a) La pel·lícula musical *Moulin Rouge*, estrenada el 2001 i protagonitzada per Nicole Kidman, va obtenir un gran èxit, però va rebre algunes crítiques pel que fa al tractament musical. Com va ser aquest tractament? A quants premis Oscar va ser nominada? Quants en va guanyar?

b) Quina pel·lícula musical, amb la música de Leonard Bernstein, va guanyar deu premis Oscar? En quina obra ben famosa es basava l'argument?

c) Quin altre musical dels anys setanta recreava la vida de Jesucrist, a més de *Jesucrist Superstar*? Com estava ambientat?

9. *Cats*, de Lloyd Webber, i *Hoy no me puedo levantar*, de Nacho Cano, són dos musicals de gran èxit. Però quina diferència hi ha en la concepció de totes dues obres? Quina et sembla que s'acosta més al gènere del teatre musical? Raona la resposta.

4 DE PROFESSIÓ: MÚSIC

T'agradaria, en un futur, treballar en alguna cosa relacionada amb la música?

Quines professions musicals coneixes?

Saps com fer una crítica musical?

Coneixes les característiques de la música fusió?

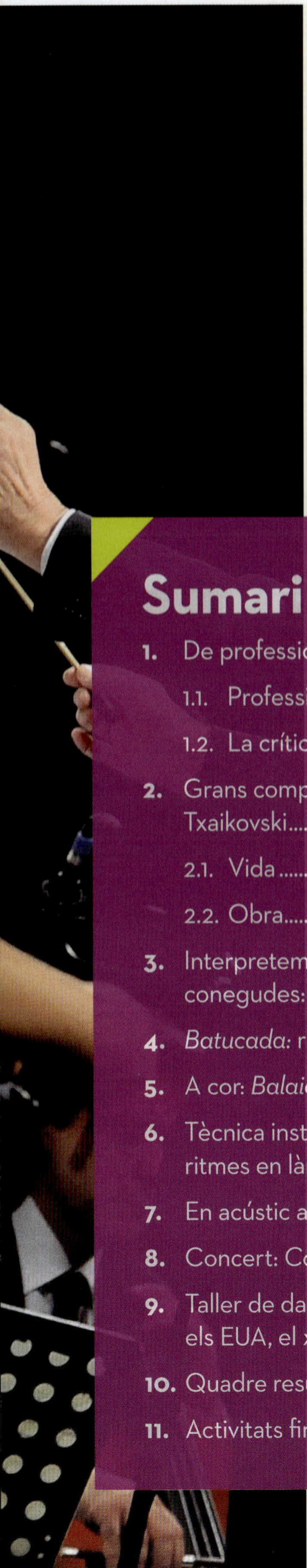

Sumari

1. De professió: músic 86
   - 1.1. Professions musicals 86
   - 1.2. La crítica musical 90
2. Grans compositors: Txaikovski 92
   - 2.1. Vida 92
   - 2.2. Obra 92
3. Interpretem melodies conegudes: *Els xics del cor* 93
4. *Batucada*: ritme i veu 94
5. A cor: *Balaio* 96
6. Tècnica instrumental: ritmes en làmines 97
7. En acústic amb The Police 98
8. Concert: *Con-fusión* 100
9. Taller de danses del món: els EUA, el xarleston 103
10. Quadre resum 104
11. Activitats finals 106

Un llibre

Cuentos de música y músicos

Signat per E. T. A. Hoffman i editat per Akal Literaturas, es tracta d'una selecció d'alguns dels contes i dels relats més famosos de l'esmentat autor: *El caballero Gluck, El enemigo de la música* o *La fermata*, entre altres. A més, inclou textos complementaris i comentaris de text.

Un CD

De akí a Ketama

Disc enregistrat en directe (1995) amb les millors cançons del grup Ketama. Fins que es va dissoldre el 2004, va ser una de les formacions més representatives del denominat *nou flamenc* o *flamenc fusió*. Va obtenir, entre altres, el Premi de la Música a la Millor Cançó de l'any 1996 per *No estamos lokos*.

Una pel·lícula

Calle 54

Fernando Trueba hi fa un recorregut pel *jazz* llatí (nascut de la fusió del *jazz* amb elements de la música llatina, principalment afrocubans) i ens ofereix la possibilitat de veure en directe l'art musical i humà de músics de la talla de Paquito D'Rivera o Chano Domínguez. En paraules del director: «La pel·lícula és un musical sobre música, sobre com es crea, sobre com sorgeix». Va ser nominada a l'Oscar al millor documental i va obtenir el premi Goya al millor so.

1 De professió: músic

CURIOSITATS

En gairebé tots els concerts, els grups musicals dediquen uns quants minuts a presentar els diferents integrants del grup, que van fent solos successius, cada un amb el seu instrument.

De segur que, si et demanem que penses en persones dedicades al món de la música, de seguida et vénen al cap noms de cantants, d'intèrprets o, fins i tot, d'algun compositor, però hi ha moltes professions que, d'alguna manera, estan relacionades amb la música. Des que algú concep una idea musical fins que la podem escoltar en un escenari o en un CD, per exemple, hi participen molts professionals molt diversos.

Al llarg d'aquesta unitat, tindràs l'oportunitat de conéixer una mica més algunes d'aquestes professions. A més, adquiriràs algunes nocions que t'ajudaran a expressar la teua opinió sobre diferents manifestacions musicals per a poder exercir de «crític musical».

1.1. Professions musicals

Ara farem un recorregut breu per les professions de les persones que treballen amb la música, siga per a ensenyar-la, compondre-la, interpretar-la, estudiar-la, comentar-la o, simplement, fer possible que puguem escoltar-la.

Creació/interpretació musical

- El **compositor:** és el creador d'una obra musical, capaç de desenvolupar una idea musical i plasmar-la en paper perquè puga ser interpretada i ens arribe a les orelles. Els compositors de música clàssica necessiten tenir un coneixement ampli del llenguatge musical, els diferents estils i èpoques de la història de la música, les característiques i les possibilitats sonores dels diferents instruments musicals, etc. En la música moderna, de vegades, el compositor també interpreta les seues pròpies cançons.
- Els **intèrprets:** a diferència d'altres arts, com la pintura o la literatura, en què podem contemplar o llegir directament el resultat del treball del creador, en la música no n'hi ha prou de mirar les partitures d'una obra musical, sinó que necessitem que siga interpretada.
- Els **solistes** (siguen cantants o instrumentistes): són els professionals que assumeixen un paper protagonista en una obra musical i als quals se'ls exigeix un gran domini tècnic de la veu o de l'instrument.
- En el cas de les **agrupacions musicals** (música de cambra, bandes, orquestra simfònica, etc.), cal que hi haja, a més, una gran coordinació entre tots els membres i és tan important tocar bé com escoltar els altres.
- Els **directors d'orquestra** (o d'una altra agrupació musical): quan la música ha de ser interpretada per un grup d'intèrprets, s'hi fa imprescindible la figura del director musical, que coordina i dirigeix tots els instrumentistes. Aquest té al cap la manera com ha de sonar la partitura i ha d'aconseguir que el seu instrument, l'orquestra, la interprete d'aquesta manera. S'encarrega també de controlar l'afinació del conjunt, donar l'entrada als instruments, marcar el *tempo,* indicar el caràcter de la música, etc.

Figura 4.1. Pujar a un escenari davant d'una multitud de persones és l'aspiració de qualsevol intèrpret; també comporta, però, una gran responsabilitat i requereix un gran domini personal. Molts intèrprets musicals, siguen aficionats, professionals o artistes de gran prestigi, experimenten ansietat escènica davant d'una actuació musical en directe.

Ensenyament de la música

Els **professors** de música són els encarregats de formar tant els futurs professionals de la música com el públic. Dins dels nivells d'ensenyament és possible diferenciar entre:

- Ensenyaments musicals, dedicats a proporcionar una formació general (impartits per professors d'educació primària i secundària).
- Ensenyaments musicals especialitzats, que s'imparteixen en escoles i conservatoris de música, on es formen els nous intèrprets, compositors i professors.
- En la universitat hi ha carreres o estudis de caràcter musical, com ara Història i Ciències de la Música, Musicoteràpia, Magisteri amb menció en aula de música, etc.
- Un altre tipus d'escoles: flamenc, teatre musical, música moderna, etc.

Figura 4.2. Ensenyaments musicals especialitzats.

Construcció i conservació d'instruments musicals

Molts instruments, principalment els de corda, es construeixen de manera artesanal. Segurament deus recordar que aquests artesans s'anomenen ***lutiers*** o ***violers*** (Figura 4.3) i que, a més de fabricar instruments, també s'encarreguen de restaurar-los, reparar-los i reglar-ne la sonoritat.

Investigació, informació i crítica

- Els **musicòlegs** estudien la música d'una manera científica; per això investiguen les fonts musicals, analitzen tota mena de música i la relació que té amb l'ésser humà i la societat, etc. Els seus coneixements els capaciten també per a la docència, la crítica musical o la programació cultural.
- Els **periodistes musicals** són professionals especialitzats en informació musical (reportatges, entrevistes, concerts, etc.) que podem trobar en les pàgines dedicades a la cultura i als espectacles de la premsa diària o en revistes especialitzades. Els **crítics musicals,** d'altra banda, jutgen les creacions dels compositors i les interpretacions que se'n fan.

SAPS QUE...?

Un altre ofici relacionat amb els instruments musicals és el dels **afinadors,** persones que es dediquen professionalment a afinar o a posar en el to just aquests instruments. L'afinació d'un piano, per exemple, és una cosa molt complexa que no pot fer el mateix pianista i en què cal la intervenció d'aquest professional.

PER A SABER-NE MÉS

En la web següent, pots veure un vídeo ben interessant sobre la construcció d'instruments (consulta-hi la secció *fabricación*):

http://www.vicentecarrillo.com/es

Figura 4.3. Un lutier treballant al taller.

Indústria discogràfica

- Els **representants** o **màngers** dels artistes s'encarreguen de promocionar-los comercialment, organitzant-los les gires de concerts, negociar-los els contractes, etc. A més, acostumen a dedicar-se a descobrir nous artistes; per això se'ls coneix també com a *caçadors de talents*.

- **Tècnics i enginyers de so**

  El **tècnic de so** és l'encarregat de dur a terme la captació, la mescla, l'emissió i el tractament del so en tota mena de produccions audiovisuals (ràdio, cine, teatre i televisió), la sonorització de concerts i d'espectacles en directe, l'enregistrament musical en estudis de gravació o la postproducció d'àudio per a vídeo, cine i televisió.

  L'**enginyer de so,** d'altra banda, estudia el fenomen sonor en tots els camps d'aplicació (producció i manipulació del so, enregistrament, acústica, electroacústica, so en directe, etc.). Es dedica a l'electrònica i al desenvolupament de l'equip d'àudio (amplificadors, altaveus, processadors, estacions de treball d'àudio digital, seqüenciadors i molts altres).

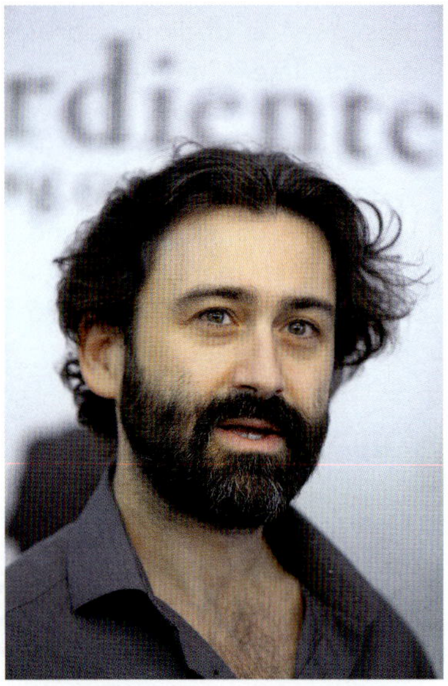

Figura 4.4. El cantant i productor Javier Limón.

- **Productor discogràfic** (Figura 4.4). Té com a funció obtenir tots els mitjans necessaris per a dur a terme un projecte discogràfic (el finançament, la publicitat, etc.), és a dir, és l'encarregat de gestionar els recursos econòmics, materials, tècnics i humans requerits per a dur a terme una producció. A més, hi ha productors que s'impliquen també en qüestions relacionades amb la interpretació, la composició, els arranjaments, l'enregistrament, les mescles, etc.

Mitjans audiovisuals

En aquest camp, també trobem professions en què cal tenir coneixements de música i de les tècniques de manipulació del so:

- El **locutor de ràdio** (Figura 4.5) de programes musicals ha de tenir una cultura musical àmplia que li permeta parlar amb propietat de la música que s'emet en els seus programes, i encara més si es tracta d'espais especialitzats en un estil musical determinat.

- El **realitzador** i el **càmera** de programes musicals també han de tenir algunes nocions de música, ja que en l'emissió, per exemple, de concerts o actuacions musicals han de saber en quin moment han d'enfocar cap a un instrument o un altre.

- L'**encarregat d'operació i muntatge** té com a funcions, entre altres, les de concretar els continguts dels espais televisius, sonoritzar i muntar tota mena d'enregistraments seguint les instruccions del realitzador i fer-se càrrec del manteniment dels equips.

- L'**ambientador musical de televisió** s'encarrega dels fons i dels efectes musicals en tota mena d'emissions televisives, d'acord amb l'estètica del programa i mirant que s'adeqüen al guió i als diàlegs amb l'objectiu de crear-hi el clima adequat. Per a fer-ho, s'encarrega de la preparació, el muntatge i la sincronització de les sintonies i dels fons musicals, i també de l'ambientació dels efectes especials sonors.

Figura 4.5. Un locutor de ràdio.

A l'escenari

Per a posar en escena un concert o un altre esdeveniment musical en directe, cal que hi participen molts altres professionals d'**oficis tècnics:** direcció artística i musical, muntatge i transport de l'escenari, el so, la il·luminació, l'equip electrònic (*backline*), la seguretat, etc.

CURIOSITATS

En l'argot musical, es denomina *backline* (equip electrònic) el conjunt d'equipaments musicals que s'utilitzen en una actuació.

Altres perfils professionals

- **Musicoteràpia:** consisteix en l'ús de la música amb una finalitat terapèutica a càrrec d'un professional qualificat. La musicoteràpia treballa en diversos àmbits, com el sanitari, l'educació especial, la geriatria, la musicoteràpia neonatal, etc. En alguns països, com als EUA o al Regne Unit, es reconeix la figura del musicoterapeuta com a professional de la salut.
- **Discjòquei (DJ)** (Figura 4.6): és la persona encarregada de posar música en una discoteca (triar els temes i mesclar-los); també és la que, en alguns programes musicals de ràdio, comenta i selecciona els discos emesos.
- **Editors de partitures i de llibres musicals:** se n'encarreguen de l'edició, la publicació i la distribució.

  Algunes empreses dedicades a l'edició musical han incorporat l'opció de compra de partitures electròniques. Aquest format nou comença a ser habitual en Internet perquè té avantatges importants, sobretot pel que fa a l'aspecte econòmic; tanmateix, encara hi ha poques editorials espanyoles que utilitzen aquesta fórmula.
- **Venedors d'instruments, de discos o de partitures:** també han de tenir coneixements musicals que els permeten assessorar els clients (per a poder indicar-los, per exemple, si una partitura presenta més o menys grau de dificultat, aconsellar-los en la compra d'un instrument, etc.).
- **Programadors informàtics de programari musical:** desenvolupen programes musicals tan variats com necessitats sorgeixen en aquest mercat (d'entrenament auditiu, d'edició de partitures, seqüenciadors, etc.).

Figura 4.6. L'equip d'un DJ pot constar d'una taula de mescles, de mostrejadors, etc., però actualment acostumen a posar música amb equips CDJ, que són els més utilitzats en clubs i discoteques, perquè poden reproduir temes musicals des de qualsevol dispositiu (CD, DVD, memòries USB, targetes de memòria, etc.). La perícia del DJ es basa en la selecció d'un bon repertori i en la capacitat d'enllaçar un tema rere l'altre d'una manera com més fluida i musical millor. Els DJ més creatius fusionen temes originals amb diferents bases i remescles, de manera que generen textures i ritmes nous.

ACTIVITATS

1. Tria una de les professions musicals que s'indiquen en la unitat i busca'n més informació en Internet (estudis, descripció, possibles àmbits professionals...).
2. Investiga quins centres hi ha a la Comunitat Valenciana en què es puguen cursar estudis musicals.

Figura 4.7. Frank Zappa va ser militant de la crítica a la indústria musical i als mitjans a través de la seua música irreverent i mordaç, però, alhora, innovadora i original.

1.2. La crítica musical

De totes les professions relacionades amb la música, potser la de **crític musical** és la menys valorada, perquè no acostuma a tenir gaire bona fama entre els músics. Frank Zappa (Figura 4.7) deia: «Els crítics de *rock* són gent que no sap escriure, que parla amb persones que no saben parlar per contar-ho per escrit a persones que no saben llegir». I, no obstant això, qui no ha fet de crític musical alguna vegada?

A diferència del públic, que pot jutjar l'obra basant-se en els sentiments que li desperta, sense qüestionar-se el perquè, el crític musical ha de ser capaç de deixar-los de banda i de fer-ne un examen més analític. Això no significa que el crític tinga raó sempre; per això poden arribar a ser tan diferents dues crítiques sobre un mateix espectacle, però ajudaran a fer que l'oient pare més atenció al que escolta i puga crear-se la seua pròpia opinió.

Actualment, podem trobar crítica musical en tots els mitjans de comunicació, si bé les revistes més venudes són les que tenen un contingut semblant al dels programes radiofònics i televisius dirigits a la massa. D'altra banda, **Internet** permet accedir a una oferta musical variada, ja que ofereix més llibertat d'acció al consumidor de música, encara que també és cert que moltes vegades és difícil diferenciar-hi la informació rigorosa de la que no ho és.

La **rellevància** de la crítica en la indústria musical és més important del que sembla, i se'n noten els efectes sobre les vendes dels discos i sobre l'acceptació dels artistes. Les discogràfiques, els músics, els productors i el públic tenen diferents maneres de percebre la música, per això una crítica pot ser rebuda de manera diferent en cada un d'aquests sectors; de fet, n'hi ha que tracten d'influir en el crític per a aconseguir comentaris favorables. Dependrà de l'ètica del crític i de la responsabilitat adquirida pel seu rol com a comunicador.

SAPS QUE...?

Entre alguns dels crítics musicals més reconeguts al nostre país, hi ha José Luis Pérez de Arteaga, crític musical de TVE i RNE i col·laborador habitual de la revista de música clàssica *Scherzo*.

Com s'escriu una crítica musical

A diferència del que passa en altres mitjans no escrits, la crítica escrita acostuma a ser molt més elaborada. La majoria de les crítiques musicals solen seguir una estructura semblant a aquesta:

- **Introducció:** s'hi intenta, normalment, ser original; per exemple, començant pel final del concert, amb alguna frase feta divertida o amb metàfores, és a dir, qualsevol cosa que servisca per a interessar el lector.
- **L'autor:** s'hi solen aportar, de manera més o menys detallada, les dades del compositor, de l'intèrpret o del grup musical que és objecte de la crítica (data i lloc de naixement, etc.) i una introducció breu sobre la seua trajectòria.
- **Comentari de l'obra:** s'hi parla dels moments més rellevants de l'obra (s'hi enumeren alguns títols de cançons), i també de la instrumentació, etc. Si es tracta d'un concert, s'hi tenen en compte factors com la part escènica, el recinte i la qualitat sonora de l'espai i, per descomptat, la recepció del públic, entre altres conceptes. Si és un disc, s'hi comenta en quin estudi s'ha enregistrat i quant de temps s'hi ha esmerçat.

- **Desenllaç:** per a acabar, sovint s'hi parla de l'última part de l'obra –si no s'ha fet abans–, inclosa la sensació final pròpia del crític i/o del públic.

A més, els **paràmetres** que hi utilitza un crític de música popular són diferents dels d'un crític de música clàssica. El **crític clàssic** hi donarà més importància al compositor i al director de l'orquestra, en desenvoluparà la biografia i deixarà en segon pla el comentari de l'obra que, encara que siga breu, serà necessari i tècnic. El **crític popular** hi farà un relat extens del concert, hi especificarà cada un dels títols de les cançons interpretades, hi esmentarà les reaccions del públic, etc. Probablement, a més, tindrà un to més amé, amb una intenció més clara d'entretenir el lector.

A continuació, hi ha un extracte de la crítica musical de José L. Pérez de Arteaga per a l'edició digital de *La razón* de l'òpera *La página en blanco*.

Divisió d'opinions en l'estrena absoluta de *La página en blanco* ← **Presentació**

Jurado brilla, però es perd amb el text ← Titular

La página en blanco ← Obra objecte de la crítica

De Pilar Jurado. Solistes: Otto Katzameier, Nikolai Schukoff, Pilar Jurado, Nataixa Petrinski, Hernán

12 febrer 11 - José Luis P. de ARTEAGA ← Data i nom del crític musical

Introducció / Dades autor

Uns quants vam descobrir Pilar Jurado, tot just amb vint anys, cantant amb frescor i delícia insuperables en l'estrena de [...], el 1992. D'aleshores ençà, Jurado s'ha convertit en un fenomen mediàtic, [...] ha aconseguit –ella [...] la primera dona que estrena al Teatre Reial– despertar amb la seua «página en blanco» una expectació sense precedents.

Comentari de l'obra (òpera)

La música →

Una òpera consta de diversos elements substancials. La música, per descomptat. I aquesta és magnífica, no baixa del notable alt i arriba a l'excel·lent en més de la meitat dels 106 minuts que dura l'obra. Jurado escriu amb claredat envejable i tots els «gestos» de la seua orquestra se senten sense cap indici d'imperfecció, i el contingut musical d'aquesta «narració» instrumental té un nivell molt alt: sens dubte un gran treball, un dels millors de l'autora madrilenya. [...]

El llibret →

Un altre component clau és la paraula, el llibret. I aquest, de la mateixa autora, és impossible, infumable, i acaba llastant el discurs sonor de manera terrible i, de vegades, provocant la hilaritat. No tots els compositors poden ser Richard Wagner [...]. I no hi ha cap heroi davall de la capa del sol que aconseguisca musicar coses com «Només es tracta d'un cervell estimulat a través d'una realitat virtual». [...] Gran error no haver confiat la redacció del text a un professional. Un altre factor és el cant en si mateix, i Jurado, gran cantant que domina un repertori enorme, es desvia molt d'un ja pesat i esgotat «parli-canto» [...] ← Interpretació

Escenografia, direcció, etc. →

[...], la posada en escena, globalment brillant i efectiva, [...], de David Hermann, tot i que la direcció d'actors brillara per la seua absència. Va ser magnífica la tasca directorial del suís Titus Engel, que se sabia l'obra de cap a cap, i excel·lent la resposta de la Simfònica de Madrid, vehicle perfecte per a la sàvia escriptura instrumental de Jurado.

Desenllaç

[...]. I és que Jurado brilla en el seu camp, que és la música, però la paraula...

Font: **http://www.larazon.es/noticia/5818-jurado-brilla-pero-se-pierde-con-el-texto**

Figura 4.8. P. Í. Txaikovski.

2 Grans compositors: Txaikovski

«Sec a tocar el piano a les nou del matí i les muses han aprés a arribar a temps per a cada cita.» (Txaikovski)

2.1. Vida

Piotr Ílitx Txaikovski va nàixer a la ciutat russa de Votkinsk, el 7 de maig de 1840. De menut, era bastant introvertit i solitari, i un apassionat de la música feta per altres compositors.

Tot i que va estudiar Dret i va arribar a treballar al Ministeri de Justícia, la seua passió per la música el va portar el 1862 a matricular-se al Conservatori de Sant Petersburg i, més tard, a abandonar el seu lloc de funcionari i dedicar-se completament a la música.

La seua fama, cada vegada més gran, el va fer viatjar per Europa i per Amèrica amb les seues obres, algunes de les quals van esdevenir grans èxits de l'època. Malgrat aquests èxits, però, el compositor no va ser feliç sempre, ja que era molt inestable emocionalment i va viure períodes de melancolia i tristor, que va reflectir en alguna de les seues obres.

Txaikovski va morir el 6 de novembre de 1893 víctima del còlera.

SAPS QUE...?

A Txaikovski el va ajudar econòmicament durant més de tretze anys una admiradora rica amb qui només va mantenir relació per correu.

2.2. Obra

Txaikovski va conrear especialment la música instrumental, tant simfònica com de cambra, encara que també va escriure unes quantes òperes. Va destacar també en la composició de la música per a ballet. El seu instrument va ser el piano, tot i que mai no va arribar a ser-ne un virtuós.

Escolta alguns fragments de la seua música: (12)

- *Concert per a piano i orquestra Op. 23 1r mov.*
- *Suite Trencanous Op. 71.*
- *Simfonia Op. 74 4t mov.*

SUGGERIMENTS

Per a conéixer millor l'obra d'aquest compositor tan genial, et suggerim que veges algun fragment d'un dels ballets a què Txaikovski va posar música.

ACTIVITATS

3. Raona per què el primer fragment de l'audició inclou la denominació de *Concert* i explica què vol dir *Op. 23*.

4. En l'audició, hi ha tres fragments de danses que pertanyen a la *suite Trencanous*. Prova d'associar intuïtivament cada fragment a cada un d'aquests títols:

- Dansa xinesa.
- Dansa russa.
- Dansa dels mirlitons.

5. Investiga i esbrina: què va dir Txaikovski sobre la seua *Simfonia núm. 6*? Com s'ha anomenat aquesta obra?

3 Interpretem melodies conegudes: *Els xics del cor*

Els xics del cor (Les choristes), pel·lícula francesa del director Christophe Barratier, es va estrenar l'any 2004. La pel·lícula descriu les gestes d'un professor a l'atur, que descobreix el poder que té la música sobre un grup de xics en un internat. Aquesta vegada, interpretaràs dues de les melodies més conegudes de la pel·lícula, la música de la qual és obra del compositor Bruno Coulais.

13 14

Els xics del cor

Caresse sour l'ocean/Vois sud ton chemin

Música: B. Coulais

Adapt. i acompanyament: J. Palazón / J. L. Salas

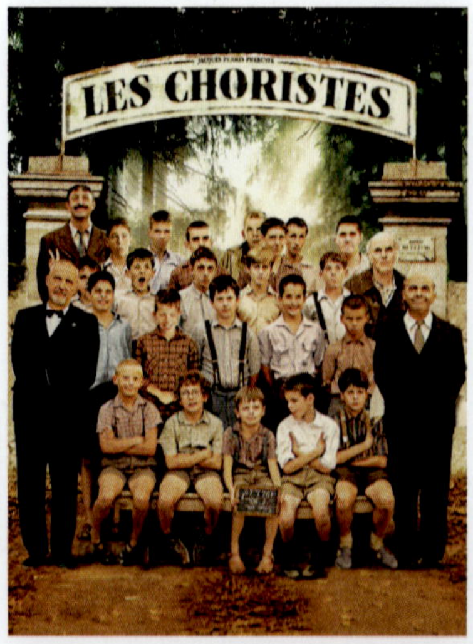

Figura 4.9. Cartell de la pel·lícula *Els xics del cor.*

WEB DE RECURSOS

En el web de recursos pots trobar indicacions gràfiques dels acords per a guitarra i piano.

RECORDA

Un *ostinato* és un fragment musical, rítmic, melòdic o harmònic, que es repeteix de manera continuada.

4 *Batucada:* ritme i veu

Ara treballaràs el ritme i la veu conjuntament. En la peça que interpretarem intervenen el ritme vocal i la percussió corporal. Es tracta d'un exercici a tres veus del tipus *cànon*. Per a fer-lo correctament, és convenient que n'estudiem cada una de les parts separadament amb uns exercicis previs.

Exercici 1

En aquest primer exercici, practicarem la part vocal inicial de la peça a una sola veu, acompanyant-la d'un *ostinato* rítmic fet amb els peus i els palmells sobre els genolls.

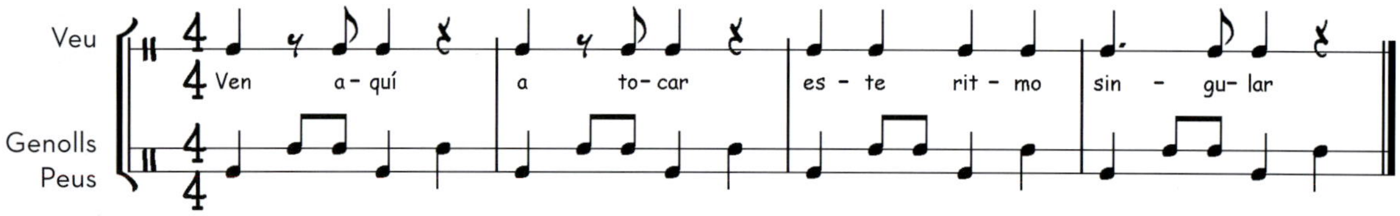

Exercici 2

Tot seguit practicarem la part de la peça en què intervé la percussió corporal. Les figures que tenen com a cap una creu, les hauràs d'interpretar simultàniament amb la veu i tocant el ritme en la part corresponent del cos que indica el text.

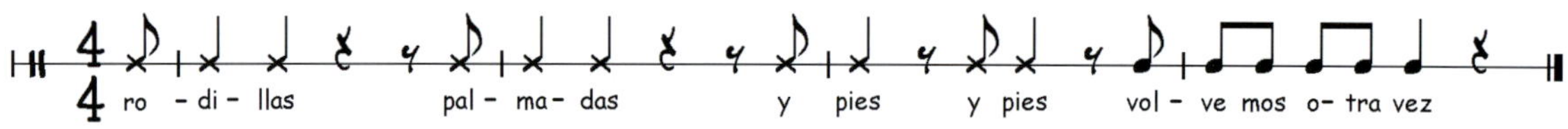

Exercici 3

Ara provarem d'unir els dos exercicis anteriors:

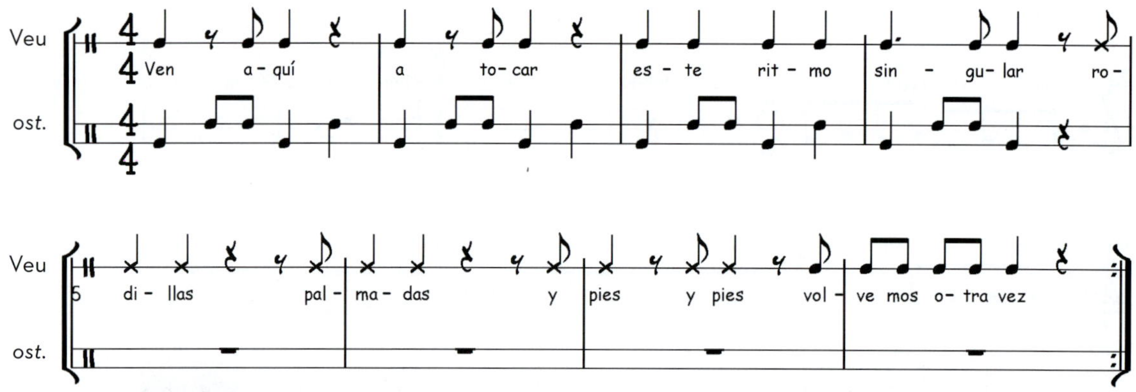

Figura 4.10. Javier Romero és professor a la Universitat d'Alacant i ha patentat el mètode BAPNE, orientat a l'aplicació de la didàctica de la percussió corporal a l'aula.

WEB DE RECURSOS

En el web de recursos pots trobar el vídeo amb la realització de tots els exercicis duta a terme per un grup d'alumnes d'educació secundària obligatòria.

Ja estem a punt per a interpretar la peça completa a tres veus. Una vegada dominada la peça, pots provar d'incorporar-hi l'*ostinato* de la primera part.

Vocalrit

Mús.: M. A. López

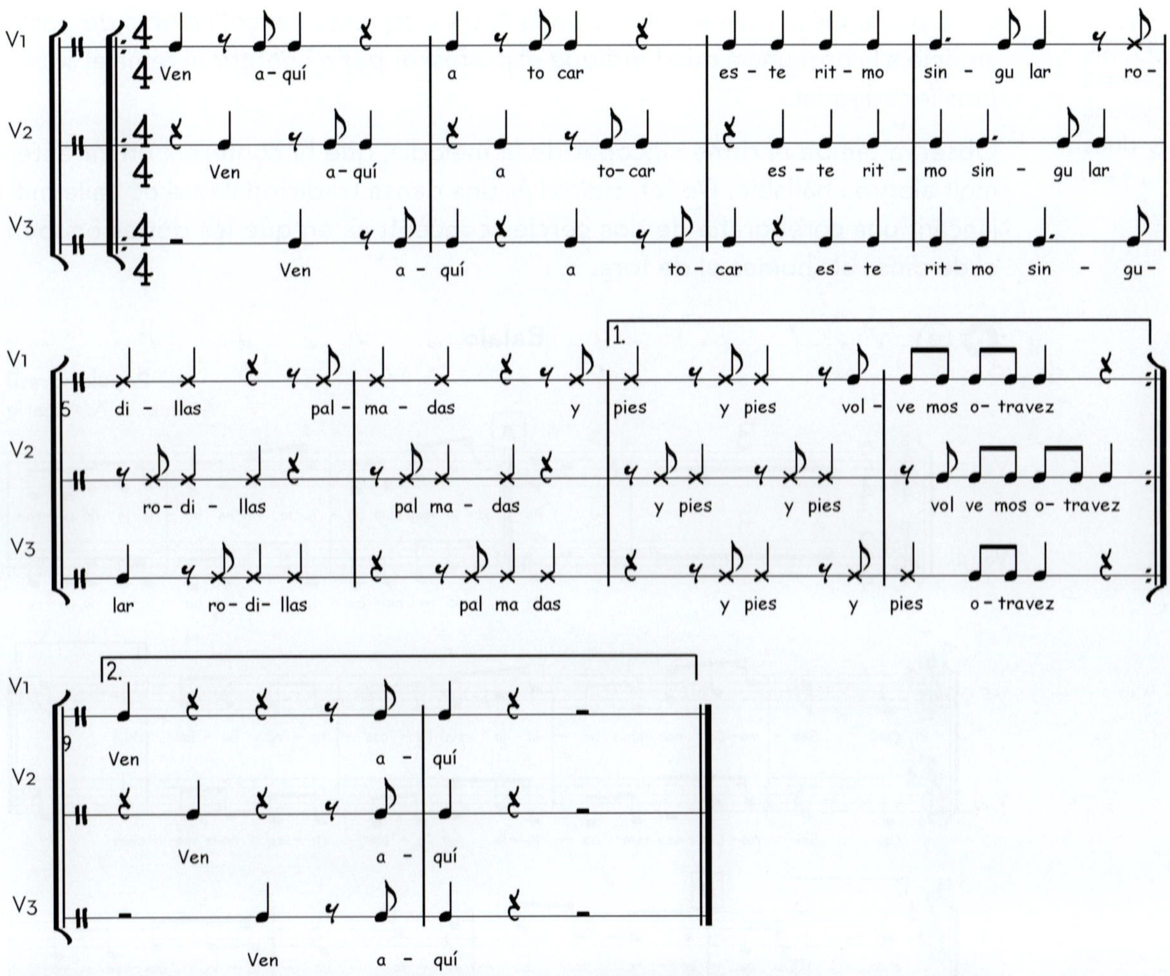

SAPS QUE...?

Hi ha nombroses composicions musicals concebudes per a ritme i veu; n'hi ha de molt sofisticades i difícils d'interpretar.

La fusió de ritme i veu és també l'essència d'alguns estils musicals, com el *rap*.

5 A cor: *Balaio*

AUDICIÓ

En el DVD (material només per al professorat), s'inclouen dues audicions amb cada una de les dues veus destacades per a facilitar-ne l'assaig.

Aquesta vegada tindrem l'oportunitat de cantar un arranjament a dues veus de *Balaio*, una melodia popular del Brasil. Com deus saber, en aquest país es parla portugués, idioma utilitzat en la lletra d'aquesta cançó. Hauràs de parar atenció a la pronúncia que t'indique el professor per a conferir al tema el *sabor brasiler* adequat.

Observa també el ritme sincopat de la melodia, que hi confereix un caràcter molt alegre i ballable. De fet, *Balaio* és una dansa tradicional que es balla mitjançant una coreografia de dos cercles concèntrics en què les dones ocupen el de dins i els homes el de fora.

15

Balaio

Popular Brasil
Acomp.: J. A. Alajarín

a AUDICIÓ

16 ▶ Escolta aquesta peça interpretada per la Coral Discantus. Fixa't molt bé en la pronúncia del text original en portugués. Ara interpreta'l tu amb les indicacions del professor.

SAPS QUE...?

Heitor Villalobos (1887-1959), un dels compositors més importants que ha tingut el Brasil, va escriure una versió a quatre veus d'aquesta melodia que és molt popular en el repertori coral.

6 Tècnica instrumental: ritmes en làmines

A continuació, treballaràs diferents cèl·lules rítmiques en els instruments de làmines. Les cèl·lules (amb la combinació de mans que s'hi ha d'utilitzar) són aquestes:

Les quatre primeres cèl·lules ja les coneixes, però l'última és nova: un trèmolo.

> Un **trèmolo** consisteix en l'alternança ràpida entre dos sons, generalment separats per un interval de 3a, com a mínim.

Un trèmolo es pot fer sobre una nota (habitual en els instruments de corda i percussió) o sobre dues. En principi, qualsevol instrument pot executar trèmolos sobre una nota o dues notes.

Tipus de trèmolo

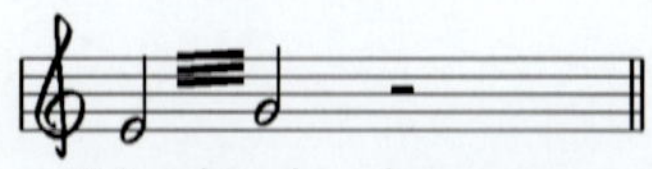
Trèmolo sobre dues notes

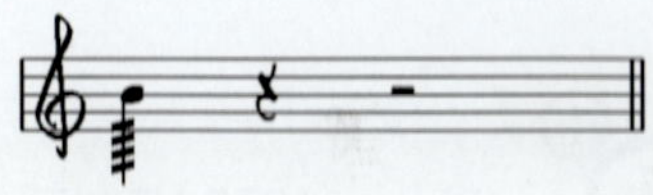
Trèmolo sobre una nota

Exercici interpretatiu

Funk llatí

Mús.: J. Palazón

WEB DE RECURSOS

En el web de recursos pots trobar les partitures de cada instrument separadament.

7 En acústic amb The Police

Aquesta vegada interpretaràs el tema ***Every Breath You Take,*** del grup The Police (Figura 4.11). Aquesta banda va debutar discogràficament el 1978 i la seua música (una mena de *reggae* blanc) els va catapultar ràpidament cap als primers llocs de les llistes d'èxits. El 1983, The Police va publicar el disc *Synchronicity,* considerat el seu èxit discogràfic més destacat (va ser número u a Anglaterra i als Estats Units durant dèsset setmanes i va obtenir tres premis Grammy), que inclou el tema que interpretaràs a continuació.

PER A SABER-NE MÉS

La partitura, la pots acompanyar amb:

1. Pandereta, amb el disseny següent:

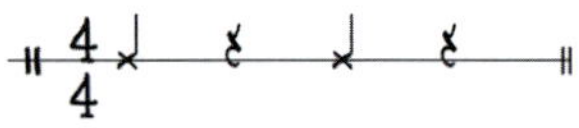

2. *Shaker* (maraca o semblant), amb el disseny següent:

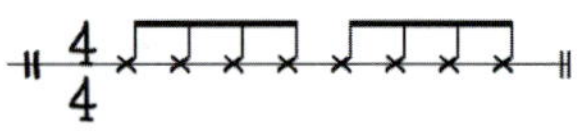

Every Breath You Take

The Police
Arranjament: J. Palazón

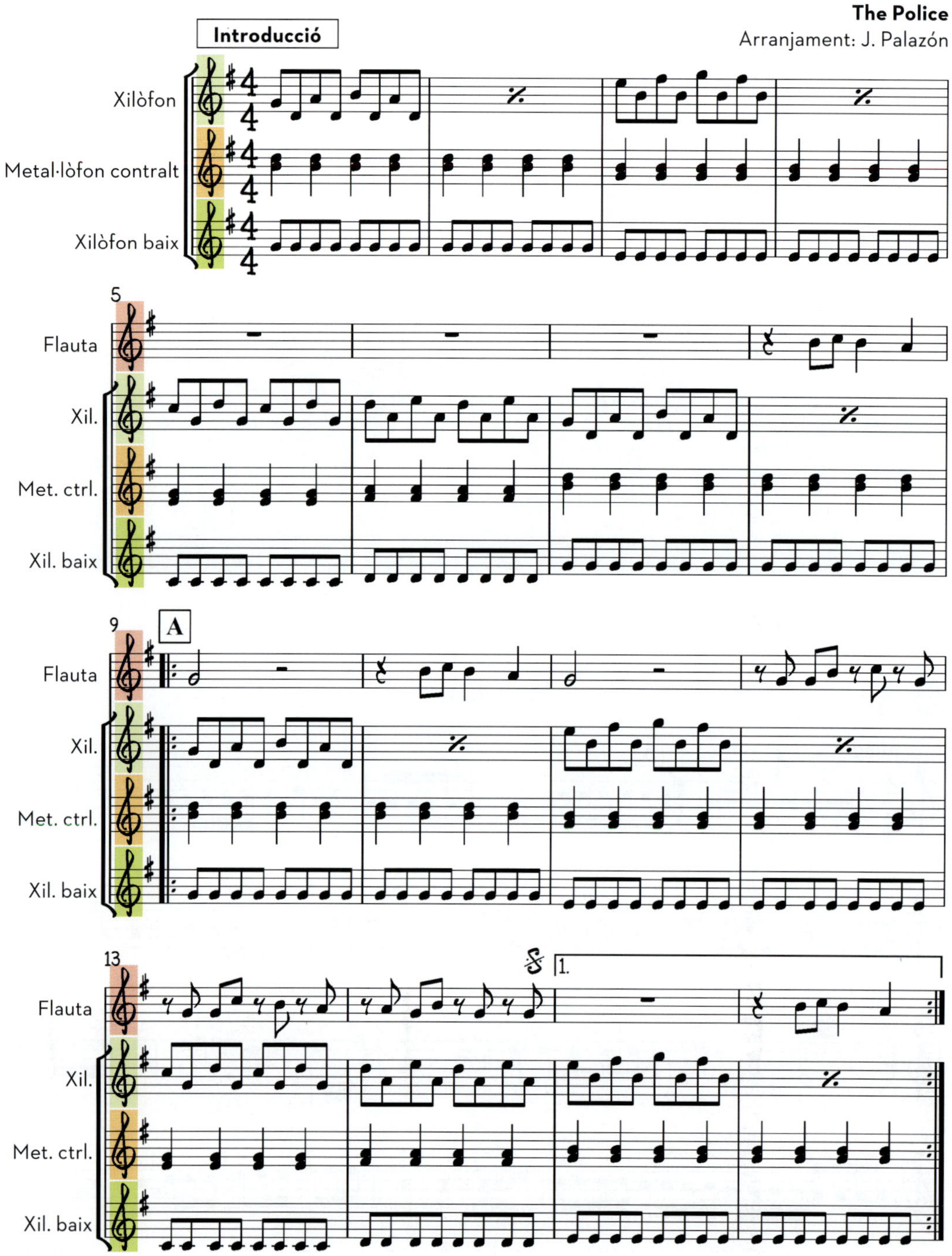

CURIOSITATS

El tema *Every Breath You Take* s'ha fet servir com a sintonia en anuncis de televisió de molts països. Quan el grup es va separar, el cantant –Sting– va continuar la seua carrera en solitari; de fet, ha esdevingut una de les personalitats de la música del segle XXI.

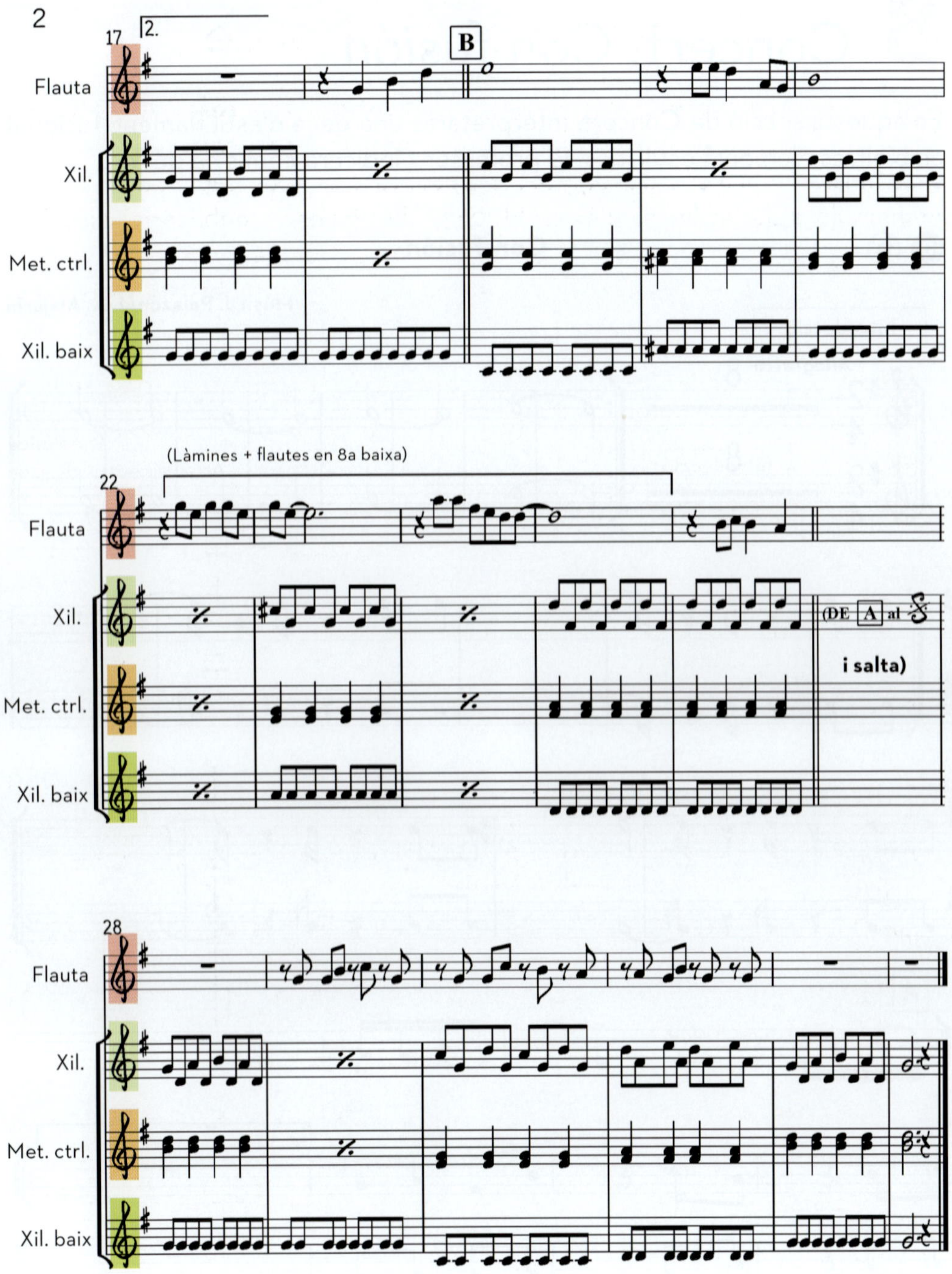

WEB DE RECURSOS

En el web de recursos en pots trobar una versió alternativa i totes les partitures separadament.

Figura 4.11. The Police en concert.

8 Concert: *Con-fusión*

En aquesta secció de *Concert*, interpretaràs una peça d'estil flamenc fusionat amb altres elements estilístics. El professor t'indicarà com s'ha de fer.

Con-fusión

Mús.: J. Palazón/J. A. Alajarín

Figura 4.12. Entenem per fusió la inclusió en un estil musical d'elements que no en són propis. Així, en el flamenc, la utilització del caixó és un fet realment nou i que no es dóna en aquest estil de música. Igualment, els instruments electrònics (baixos, guitarres elèctriques, etc.) o acústics (com el piano) no es consideren propis del flamenc. També la mescla d'un estil musical (en aquest cas, el flamenc) amb altres estils com el pop, el *jazz* o el *rock* es considera fusió.

Abans de la interpretació

Deus haver observat que totes les peces de l'apartat «Concert» d'aquest llibre (també els «En acústic») estan concebudes per a diferents instruments: flauta, làmines, petita percussió, etc. Per això, és molt important que entengues **què signifiquen els diferents elements en una partitura que conté més d'un pentagrama,** per a poder habituar els ulls a llegir-les.

Al **començament de la partitura,** pots veure que hi intervenen dos instruments (metal·lòfon alt i soprano), que toquen, tots dos, les mateixes notes:

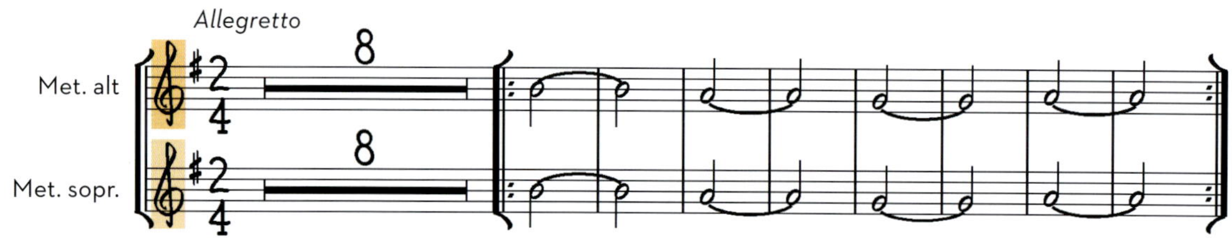

Tanmateix, quan passem al ***sistema*** següent (conjunt de dos pentagrames units o més), veiem que continuem tenint dos pentagrames, però la instrumentació s'hi ha duplicat: pentagrama superior tocat per metal·lòfon i xilòfon alts i pentagrama inferior tocat per metal·lòfon i xilòfon sopranos.

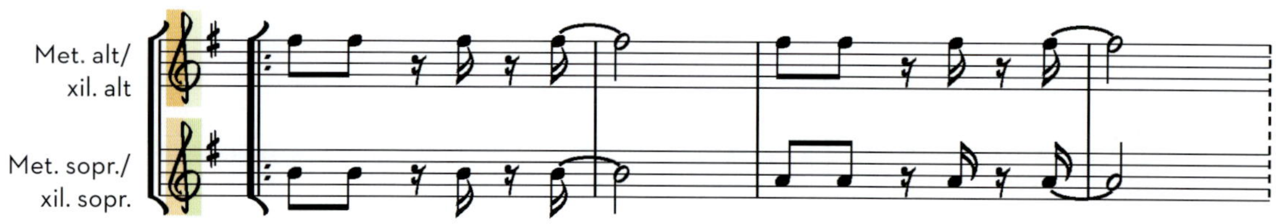

Quan comencem la **secció A,** veiem un únic pentagrama en què només toquen les flautes durant quatre compassos:

D'aquesta manera, deus haver anat observant com es va repartint la instrumentació al llarg de la peça per a poder **intervenir-hi amb l'instrument** que t'haja estat assignat en el moment oportú.

Igualment, has de controlar les indicacions generals que es donen per a **saltar d'un lloc a un altre** en una partitura. Observa l'exemple següent:

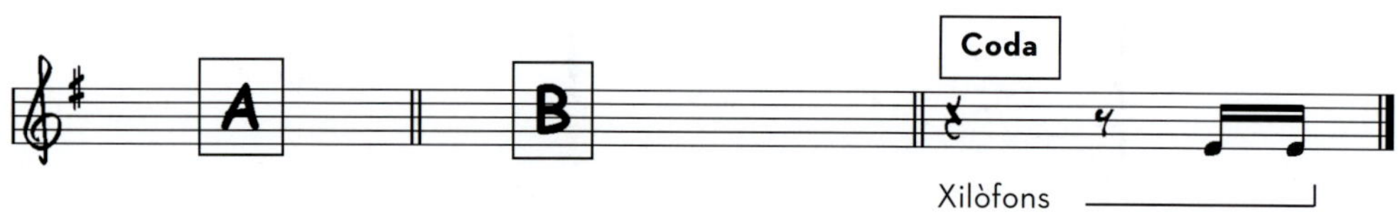

De l'exemple anterior, hem d'entendre que cal tornar a la secció A. Cal tocar-la completa, amb les repeticions corresponents; immediatament, cal tocar la secció B quatre vegades, i, finalment, saltar a la **coda,** que té un únic compàs en què només toquen els xilòfons.

9 Taller de danses del món: els EUA, el xarleston

En aquesta unitat estudiaràs un ball tradicional dels EUA. Es tracta del **xarleston.** Aquest ball (que pren el nom de la ciutat nord-americana de Charleston) es va originar el 1903 com a dansa folklòrica negra als Estats Units i presentava semblances amb alguns balls de Trinitat, Nigèria i Ghana. Va esdevenir un ball molt popular amb la cançó titulada *Charleston*, de James P. Johnson, composta per a l'espectacle musical *Runnin' Wild* (1923), i es va convertir en una mena de diversió i distracció després de la I Guerra Mundial. Va obtenir, igualment, una gran difusió a Europa durant aquesta dècada. Tanmateix, quan es va fer mundial, va perdre part de l'exuberància original.

El xarleston és una dansa ballada en un compàs de 4 temps en què s'alternen braços i cames principalment, amb una gran mobilitat als peus. Es pot ballar acompanyat o a soles i s'hi utilitzen colps de peu i passos com els girs ràpids dels peus que es toquen els talons o l'anomenat «pas xarleston», que combina un pas cap avant i un altre cap arrere, mentre els braços es mouen com si foren un pèndol.

El títol de la cançó que ballaràs és *Good Old Days*.

Resum coreogràfic

La dansa que aprendràs cal començar-la fent col·locar els participants en rogle, per parelles i agafats de la mà, mirant en sentit contrari a les agulles del rellotge (els xics dins del rogle).

Se'n distingeixen dues parts:

- Part A, en què les parelles fan jocs de peus alternats amb quatre passos i «pas xarleston».
- Part B, en què la xica fa una volta de huit passos sobre si mateixa movent les mans, mentre el xic la fa retrocedint un lloc i es troba amb una parella nova.

Professions principals relacionades amb la música

Creació/interpretació

En aquestes àrees destaquen les professions següents:

- Compositor.
- Intèrprets (solistes, agrupacions, etc.).
- Directors d'orquestra.

Ensenyament musical

Hi ha diferents nivells en l'ensenyament de la música:

- Educació primària i secundària.
- Conservatoris i escoles de música.
- Universitat.
- Un altre tipus d'escoles.

Construcció i conservació d'instruments musicals

D'oficis relacionats amb la construcció i la conservació d'instruments hi ha:

- Lutiers.
- Afinadors d'instruments.

Investigació, informació i crítica

De relacionats amb la investigació, la informació i la crítica, destaquen:

- Musicòlegs.
- Periodistes musicals.
- Crítics musicals.

Indústria discogràfica

Les professions vinculades amb la indústria discogràfica serien:

- Mànagers.
- Tècnics de so.
- Enginyers de so.
- Productors discogràfics.

Mitjans audiovisuals

En aquesta àrea, les professions relacionades amb la música són:

- Locutors de ràdio.
- Realitzadors i càmeres.

- Encarregats d'operació i muntatge.
- Ambientadors musicals de televisió.

A l'escenari

Per a posar en escena un esdeveniment musical, cal que hi intervinguen altres professionals: director artístic i musical, encarregat del muntatge de l'escenari, del transport, del so, de la il·luminació, de l'equip electrònic, de la seguretat, etc.

Altres

Altres oficis relacionats amb la música són:

- Musicoterapeutes.
- Discjòqueis.
- Editors de partitures i de llibres musicals.
- Venedors d'instruments, de discos o de partitures.
- Programadors informàtics.

La crítica musical

- El crític musical.
- Funcions de la crítica musical.
- La crítica musical actualment.
- Com s'escriu una crítica musical.
- Un exemple de crítica.

Apartats pràctics:

Grans compositors	Txaikovski
Interpretem melodies conegudes	*Els xics del cor*
Batucada	*Vocalrit*
A cor	*Balaio*
Tècnica instrumental: ritmes en làmines	*Funk llatí*
En acústic amb The Police	*Every Breath You Take*
Concert	*Con-fusión*
Taller de danses del món	Els EUA, el xarleston

ACTIVITATS FINALS

1. **Digues si les afirmacions següents són verdaderes (V) o falses (F) i, en el cas que siguen falses, indica quina seria la resposta correcta:**
    - L'ensenyament musical en primària i en secundària té com a finalitat formar els futurs instrumentistes, compositors i la resta dels músics professionals.
    - Els ensenyaments musicals especialitzats estan destinats a proporcionar una formació general als alumnes.
    - L'estudi professional de la música no està circumscrit només als conservatoris, sinó que també s'imparteix en un altre tipus d'escoles i acadèmies.
    - Un solista és un cantant que assumeix un paper protagonista en la interpretació d'una obra musical.
2. **Anomena, almenys, tres carreres universitàries o cicles formatius en què els continguts tinguen caràcter musical.**
3. **A continuació, hi ha descrites unes quantes professions musicals que hem explicat en la unitat. Indica, en cada cas, el nom del professional que l'exerceix:**

    Intèrpret   Compositor   Lutier   Director d'orquestra   Musicòleg

    - Professional dedicat a construir artesanalment, restaurar i reparar instruments musicals, i a reglar-ne la sonoritat.
    - Professional que estudia la música d'una manera científica, investigant les fonts musicals, analitzant tota mena de música i la relació que té amb l'ésser humà i amb la societat, etc.
    - Creador d'una obra musical, capaç de desenvolupar una idea musical i plasmar-la en paper perquè puga ser interpretada i ens arribe a les orelles.
    - Professional (cantant o instrumentista) que interpreta una obra musical.
    - Músic que coordina i dirigeix tots els instrumentistes d'una agrupació musical.
4. **Quines diferències hi ha entre els professionals de la música següents?**
    - Periodista/Crític musical.
    - Mànager/Productor musical.
    - Tècnic de so/Enginyer de so.
5. **Indica unes quantes professions relacionades amb els mitjans audiovisuals en què calga formació musical.**
6. **Investiga en Internet i esbrina el pla d'estudis (cursos, assignatures, etc.) que ha de seguir un intèrpret de música clàssica (un pianista, un guitarrista, un violinista, etc.). Pots buscar-ne informació en les pàgines web dels conservatoris de música o del Ministeri d'Educació, Cultura i Esport. Exemple: www.conservatorioturina.com**

7. **A continuació, hi ha els noms de diverses persones relacionades amb diferents professions musicals. Busca informació sobre elles i esbrina quina és, o ha estat, la seua professió (intèrpret vocal, intèrpret instrumental, compositor, director d'orquestra, lutier, crític musical, musicòleg, productor discogràfic, locutor de ràdio i discjòquei):**

Antón García Abril	Manolo Aguilar	Herbert von Karajan
Ainhoa Arteta	Nicholas Cook	José Luis Pérez de Arteaga
John Acquaviva	José Miguel López	Mark Knopfler
Antonio de Torres Jurado		

8. **Activitat d'audició. Ara escoltaràs tres versions del tema *Chan chan* de Compay Segundo.**
   - La primera és la cançó original interpretada per Compay (tema característic de la música tradicional cubana).
   - La segona és la versió feta per Compay juntament amb Buena Vista Social Club (en què cal destacar la sonoritat de la guitarra amb *slide*, de Ry Cooder).
   - La tercera és la versió del grup Orishas (fusió amb el *hip-hop*).

   Analitza comparativament les tres audicions (instrumentació, estructura, estil musical, qualitat de la interpretació, etc.) i després escriu una crítica musical en què en valores les versions en relació amb el tema original.

9. **Cerqueu crítiques musicals en diferents mitjans de comunicació (seccions culturals de la premsa diària, suplements culturals setmanals, revistes especialitzades o Internet):**
   - Seleccioneu les que us semblen més interessants, però mireu que es referisquen a estils musicals variats.
   - Esbrineu informació sobre els cantants, els grups, els concerts, els discos, etc., sobre els quals s'hagen fet les crítiques.
   - Analitzeu-ne el contingut i compareu-les entre si (si segueixen la mateixa estructura, el to que s'hi fa servir, si són rigoroses...).
   - Finalment, exposeu la vostra opinió (si coincidiu, o no, amb la valoració feta per cada crític).

10. **Fes una crítica musical (per exemple d'un disc o d'un concert a què hages anat) seguint l'estructura que t'indiquem en la unitat. Fixa't en la qualitat dels instrumentistes i dels intèrprets, en la del so (siga un disc o una actuació en directe), si la música i la lletra són més o menys elaborades, si segueix una tendència o aporta res de nou al panorama musical, etc.). Pots animar-te i publicar-la en la revista o en la pàgina web del teu centre d'estudis.**

5 LA PRODUCCIÓ MUSICAL

T'agradaria aprendre com és el procés de producció d'un disc?

Recordes el nom d'alguna companyia discogràfica?

Saps quina és la tasca d'un productor musical?

Coneixes les principals plataformes de descàrrega de música d'Internet?

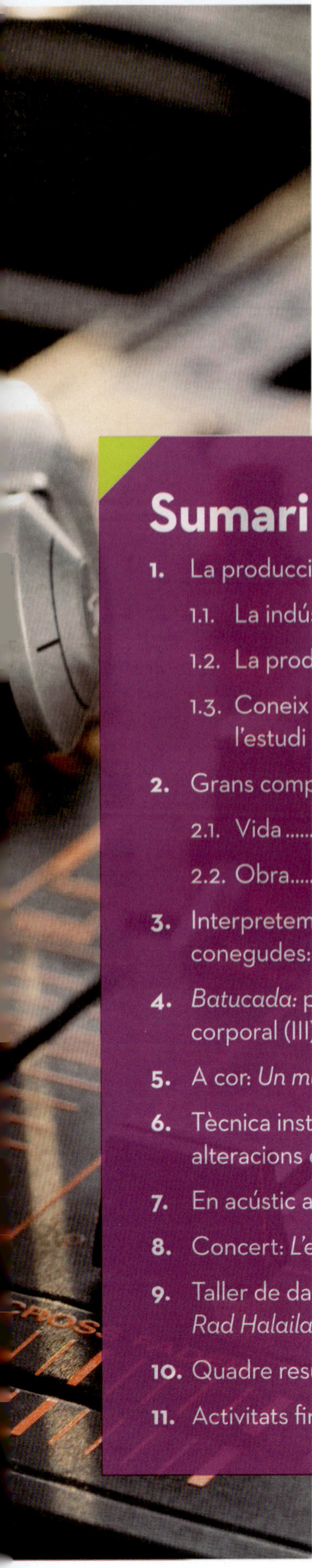

Sumari

1. La producció musical 110
   - 1.1. La indústria discogràfica 110
   - 1.2. La producció musical 112
   - 1.3. Coneix una mica més l'estudi de gravació 116
2. Grans compositors: Debussy 118
   - 2.1. Vida 118
   - 2.2. Obra 118
3. Interpretem melodies conegudes: *Yesterday* 119
4. *Batucada:* percussió corporal (III) 120
5. A cor: *Un mundo ideal* 122
6. Tècnica instrumental: alteracions en la flauta 123
7. En acústic amb David Lanz 124
8. Concert: *L'elecció de Freia* 126
9. Taller de danses del món: *Rad Halaila* 129
10. Quadre resum 130
11. Activitats finals 132

Un libro

***La música contada con sencillez*, de José Ramón Pardo. Editorial Maeva, 1999**

Narra el naixement i l'evolució de les tendències més importants de la música dels últims cinquanta anys, des del *rock'n roll*, el pop o el *soul*, fins al *new-age* o la música ètnica. Per mitjà d'anècdotes ben curioses sobre els músics i el negoci discogràfic, fa entendre les claus de la galàxia musical, amb un llenguatge clar i precís, però sense perdre el rigor.

Un CD

***The Wall*, de Pink Floyd**

És l'àlbum número tretze de la banda britànica i va ser assenyalat per la crítica i pel públic com un dels millors treballs del grup. Considerat un dels grans clàssics del *rock* psicodèlic, aquest treball va obtenir vint-i-tres discos de platí i se situa com el més venut de la dècada dels setanta i el tercer de tots els temps.

Una web

www.asociacionmusica.com/index.asp

Pàgina web de l'Associació de Música en Internet (AMI). Hi pots trobar una àmplia informació sobre la distribució de la música en Internet, informació sobre grups i artistes, descàrregues gratuïtes de música en MP3, i també publicar la teua pròpia música i gaudir d'assessorament legal.

1 La producció musical

Figura 5.1. Des de les primeres provatures per capturar el so, passant pel vinil, fins a arribar als nostres dies, el so enregistrat ha experimentat un avenç tecnològic accelerat.

Durant segles, la música ha arribat al públic directament de les mans de qui l'ha interpretada. Amb la invenció, a la fi del segle XIX, dels primers aparells de gravació i l'evolució de les tècniques d'edició i enregistrament musicals, en el segle XX, la comercialització de música gravada es va convertir en un nou i potent mitjà de difusió musical.

Actualment, s'ha generat tota una indústria musical entorn del negoci discogràfic. La producció i l'eixida al mercat d'un disc és, sens dubte, un procés complex que implica molts professionals diferents. Per això, al llarg d'aquesta unitat ens endinsarem en el món de la indústria discogràfica i coneixerem els diversos factors que intervenen en la producció musical.

ACTIVITATS

1. Hi ha una gran varietat de professions relacionades amb el món de la música i en l'elaboració d'un disc en participen moltes. Observa l'interior de qualsevol llibret d'un CD musical que tingues a casa i enumera els diferents tipus de professionals que intervenen en la realització del disc.

1.1. La indústria discogràfica

Des que va nàixer, la indústria discogràfica ha hagut d'adaptar-se als diferents avenços tecnològics que hi ha hagut en matèria d'enregistrament i reproducció sonora. A més, la irrupció dels mitjans de comunicació i, sobretot, d'Internet també ha influït enormement en el negoci de la música, ja que n'ha modificat els sistemes de comercialització, de promoció i de distribució.

La indústria musical està constituïda per diferents integrants: compositors, artistes, mànagers, companyies discogràfiques, productors musicals, estudis de gravació, mitjans de comunicació i promoció, distribuïdors, comerços al detall, etc.

Imagina que tens el teu propi grup musical i vols traure un disc. Hauries de fer arribar una mostra de les teues cançons (maqueta) a algun productor o companyia discogràfica, personalment o per mitjà d'un mànager; llavors, la maqueta seria avaluada pels especialistes de direcció artística (els «caçadors de talents nous»). Si pensaren que el material és prometedor, signaries un contracte amb la companyia, que finançaria la gravació del teu àlbum sota la direcció d'un productor musical. Una vegada enregistrat el màster (còpia mestra) a l'estudi de gravació, es portaria a una empresa que faria les còpies del disc, les quals, al seu torn, serien subministrades per un distribuïdor a les botigues de música, mentre la discogràfica promocionaria el producte. Molt pocs artistes aconsegueixen signar un contracte amb una companyia discogràfica.

RECORDA

El primer aparell que va permetre fer una gravació sonora va ser el **fonògraf,** inventat per Edison el 1877. L'invent va ser perfeccionat per Berliner, que va crear el **gramòfon** i, amb la seua comercialització, va nàixer el negoci discogràfic. Posteriorment, veurien la llum el disc de **vinil,** el **casset** o el **CD,** amb què va començar l'era de la gravació digital.

Per tot això, les **companyies discogràfiques** tenen un paper rellevant dins de la producció musical, ja que són les encarregades del finançament i de la comercialització del producte.

Les companyies discogràfiques

A escala mundial, la major part del mercat el controlen unes quantes discogràfiques multinacionals, entre les quals destaquen Universal Music Group, Sony Music i Warner Music, que disposen de les seues pròpies plantes de duplicació i impressió de CD i de xarxes de distribució.

D'altra banda, hi ha altres companyies discogràfiques (que acostumen a ser propietat de les macroempreses) que exerceixen totes les funcions dels grans segells, però que no tenen cadena de distribució pròpia; per això aquesta part la duen a terme les multinacionals.

També hi ha els denominats **segells independents,** dedicats, principalment, a gèneres musicals més especialitzats. Són discogràfiques amb una plantilla més reduïda i acostumen a contractar els serveis de companyies més grans per a distribuir els seus discos.

Es pot parlar, per tant, d'un monopoli de les empreses multinacionals sobre els principals canals de màrqueting i distribució, que els permet obtenir la major part dels beneficis de les vendes (fins un 90 % dels guanys). Per aquesta raó, els nous artistes tenen un accés molt limitat als canals de comercialització i distribució, i no poden competir en el mercat per si mateixos.

Les grans companyies acostumen a fer contractes en exclusiva d'àmplia durada. Els intèrprets, generalment, signen la producció d'un nombre de discos determinat en un període de temps concret i, d'alguna manera, estan obligats a complir uns terminis que no sempre coincideixen amb períodes d'«inspiració» i creació artística.

Al personal de la companyia discogràfica encarregat de descobrir nous artistes se'l coneix com a **A&R** *(artist and repertoire).* Aquests professionals exerceixen com a filtres de la indústria musical.

Els avenços tecnològics i el sorgiment d'**Internet** han modificat el model tradicional de distribució musical. Hui en dia, un artista pot gravar i editar la seua pròpia música i distribuir-la a través de la Xarxa. Internet s'ha convertit en una eina de difusió musical ben potent.

CURIOSITATS

El preu final d'un CD es pot fraccionar, aproximadament, de la manera següent:

- Compositor i editorial 9 %
- Artista 10 %
- Productor 2 %
- Companyia discogràfica 24 %
- Fabricant 8 %
- Distribuïdor 20 %
- Comerç al detall 27 %

ACTIVITATS

2. Busca informació en Internet d'artistes o grups que hagen utilitzat la Xarxa per a promocionar la seua música i elabora un informe breu amb la informació obtinguda.

1.2. La producció musical

Figura 5.2. Carlos Jean és músic i productor. Actualment, ha promogut una iniciativa ben interessant anomenada Pla B, consistent en la creació «compartida» de cançons a través d'Internet. En el programa *El Hormiguero*, hem pogut veure una part d'aquesta experiència.

En el procés d'elaboració d'un disc, la figura del productor musical adquireix una gran importància. Ara coneixerem quines funcions acompleix, i també les diferents fases de la realització d'un disc.

Faena i requisits del productor musical

El productor és, per a la música, com el director per al cinema: és l'encarregat de controlar tot el procés de producció del disc. Ha de «capturar» la interpretació de l'artista i editar-la de manera que resulte un producte atractiu per al mercat. La seua missió és traure el màxim profit i interés de les cançons i de la interpretació dels músics, respectant el que vol l'artista, però, al mateix temps, tenint present l'objectiu comercial.

Tradicionalment, s'ha distingit entre **producció executiva** (aspectes referents al finançament, a la gestió de drets, a les relacions amb la premsa, a la coordinació amb el departament artístic de la discogràfica, etc.) i **producció artística** (tota la part relacionada amb el procés d'enregistrament en si), encara que actualment sovint totes dues facetes recauen sobre la mateixa persona.

D'un **bon productor,** se'n demana:

- Domini dels aspectes **tècnics** (maneig de la tecnologia actual aplicada a l'estudi de gravació, del programari musical, etc.).
- Formació **musical** (coneixements de llenguatge musical que el capaciten per a crear i arranjar obres musicals atenent les necessitats del mercat actual).
- Una mica de **psicologia** (saber tractar cada artista per a traure'n el millor).
- Coneixements de **màrqueting** (per a canalitzar les inquietuds de l'artista envers les demandes del mercat).

El productor és, per tant, qui coordina tot el projecte: supervisa la tasca dels enginyers de so, ajuda a decidir quines cançons cal gravar, quines preses són bones, com ha de sonar la mescla, etc. La majoria dels productors són músics amb experiència i acostumen a fer ells mateixos els arranjaments musicals i a intervenir, fins i tot, en la interpretació d'algunes parts. Generalment, treballen amb un enginyer de so, que s'encarrega dels elements tècnics, per poder concentrar-se més en l'aspecte creatiu, però hi ha productors que fan també d'enginyers.

En gran manera, del productor dependrà el *resultat sonor final* del disc. De fet, hi ha artistes que s'estimen més treballar amb un productor determinat pel seu estil particular o pel tipus de sonoritat que trau als temes.

Alguns productors musicals famosos són **Kike Santander** (productor d'artistes com Gloria Estefan, Marc Anthony, David Bisbal i Diego Torres) i **Emilio Estefan** (que ha produït artistes com Ricky Martin, Jennifer López, Shakira i Madonna, entre altres).

Fases en la producció musical

Finançament

Generalment, per a finançar un disc es tenen en compte les expectatives de vendes i els recursos econòmics de què es disposa; per això se'n fa un pressupost, per a fer una bona gestió d'aquests recursos.

El pressupost ha de tenir en compte totes les necessitats tècniques i logístiques corresponents: els **estudis** de gravació, els locals d'assaig, el **lloguer d'equips** (auxiliars, equip electrònic, instruments, etc.), la contractació de l'**equip tècnic** (enginyers i tècnics de so, programadors, responsables del manteniment i ajust dels instruments, professors de tècnica vocal, foniatres, músics de sessió, assessors d'imatge, etc.), a més dels allotjaments, els desplaçaments, el *catering* i les dietes del personal implicat.

Preproducció

Abans d'enregistrar el disc, cal establir-ne unes línies generals (planificar què es vol enregistrar i com, quins arranjaments s'hauran de fer als temes, maquetar, etc.). Per a molts productors, la preproducció és la fase en què realment es forja el disc.

En primer lloc, cal seleccionar el repertori de temes musicals que han d'integrar el disc. En el cas que els intèrprets no siguen els autors de les cançons, caldrà triar autors per a compondre-les o els temes originals, si és un disc de versions. Així mateix, es poden establir col·laboracions amb artistes convidats.

Igualment, cal definir el «concepte» del disc, és a dir, quin estil musical es vol obtenir (un disc amb un so molt acústic, elèctric, etc.). Per a fer-ho, és important que el productor oriente l'artista en aquest sentit, perquè és qui millor coneix el mercat musical i les tendències que hi predominen.

D'altra banda, la preproducció engloba la fase d'assajos amb l'artista o el grup per a provar les diferents cançons i comprovar que els arranjaments musicals, l'estil i altres aspectes realment funcionen.

SAPS QUE...?

Una **versió** (en anglés, *cover*) és una interpretació nova d'una cançó enregistrada prèviament. De vegades la versió nova arriba a fer-se més popular que l'original (per exemple, la coneguda *Knockin' on Heaven's Door* de Guns N' Roses és un tema original de Bob Dylan). Un dels grups dels quals se n'ha fet més versions és The Beatles.

CURIOSITATS

A l'estudi de gravació, alguns artistes pateixen l'anomenat ***red light panic*** ('pànic del llum roig'), perquè es queden bloquejats quan s'encén aquest llum a la cabina, que els indica que han de començar a cantar.

! ATENCIÓ

A partir d'ara utilitzaràs el CD3.

Gravació o enregistrament

Hi ha diferents tècniques de gravació (analògiques, digitals, etc.), encara que actualment hi predomina l'ús de les tècniques digitals, pels avantatges que ofereixen si es fan servir amb un ordinador.

A l'estudi de gravació, hi ha, d'una banda, la **sala de control,** on el productor, els enginyers i els tècnics de so controlen el procés d'enregistrament i, de l'altra, les **cabines de gravació.** Entre l'equip tècnic que s'hi utilitza destaca: la taula de mescles, les gravadores o enregistradors multipista, els monitors, els micròfons, els sintetitzadors, etc.

Una altra innovació que ha tingut una aplicació important per a la gravació musical és el llenguatge MIDI i l'ús dels **instruments virtuals** (programes que incorporen sons d'instruments reals, que es poden tocar amb un teclat MIDI connectat a l'ordinador). Això permet, per exemple, enregistrar amb el teclat i posteriorment modificar-ne el timbre pel d'un altre instrument, canviar-ne el ritme, el *tempo,* etc.

Figura 5.3. Un dels estudis de gravació més llegendaris és el d'**Abbey Road,** on van gravar The Beatles. Es va inaugurar el 1931 i hui dia encara el continuen utilitzant grans figures del mercat internacional. Allà s'han produït moltes de les bandes sonores de pel·lícules ben populars, com *Superman, Braveheart* o la saga de *La Guerra de les Galàxies.*

Durant la gravació multipista, els instruments i les veus s'enregistren d'un en un (o uns quants al mateix temps, segons interesse), en pistes individuals; així, després els sons es poden processar i manipular de manera individual per a obtenir el resultat buscat (per exemple, es pot corregir una veu desafinada). Així, si alguna part no agrada, no cal tornar a gravar la cançó completa, només el fragment de la pista que interessa modificar. També permet que un mateix músic puga enregistrar unes quantes parts que després sonaran simultàniament; per exemple, quan vol gravar els seus propis cors. L'ordre de gravació dels instruments no està prefixat, però és habitual començar per la bateria i les percussions, i acabar per les veus i els cors.

Mescla

En la fase de mescla, s'uneixen les diferents pistes de so de les veus i dels instruments que han d'integrar el tema musical. És el procés de coordinació i equalització per a obtenir el tipus de sonoritat que es busca. En la mescla, se'n pot manipular el timbre, el volum... i és possible afegir-hi efectes com la reverberació o l'ajust del panorama; igualment, es poden controlar els plans sonors (quines parts o instruments s'hi volen destacar i quins, deixar en segon pla), etc. En cas de dubte, se'n poden fer diferents versions amb mescles distintes. Finalment, també se'n fan versions instrumentals i *play-back* per a la televisió i la promoció.

a AUDICIÓ

1 ▶ Escolta els quatre fragments musicals següents. En els dos primers, pots observar la diferència entre una veu natural i una de tractada amb efectes. Els altres dos fragments corresponen a dues mescles diferents d'un mateix tema musical.

- Primer fragment: veu sense efectes.
- Segon fragment: veu amb efecte *(reverb).*
- Tercer fragment: mescla 1 (en què s'aprecia un desequilibri entre les parts musicals fruit d'una mescla inadequada).
- Quart fragment: mescla 2 (mescla equilibrada).

Masterització

La masterització és l'última fase en el procés de producció d'un disc. Té com a finalitat deixar la mescla amb el nivell de qualitat i les condicions requerides per a comercialitzar el disc. Masteritzar ens permetrà corregir les mescles i equilibrar entre si els temes d'un disc. Cal passar la mescla (feta en uns quants canals) als dos que se senten per mitjà d'un aparell estèreo convencional. S'intenta, a més, donar més definició als elements de la mescla, guanyar en profunditat i presència. El resultat és un màster (còpia mestra), a partir del qual es fan les còpies comercials.

RECORDA

El llenguatge MIDI és un protocol de comunicacions que permet connectar diversos instruments musicals entre si amb un ordinador i fer-los treballar conjuntament.

ACTIVITATS

3. Escolta dos fragments idèntics d'àudio ja mesclats, tot i que només el segon està *masteritzat*. Com definiries la diferència que hi ha entre tots dos?

SAPS QUE...?

Discos *unplugged*

Unplugged ('desconnectat', en anglés) designa una gravació o concert «acústic». En els noranta, van ser moda els *MTV Unplugged*, sèries de concerts acústics per a aquesta cadena, que després s'editaven en CD i DVD.

Promoció

Una vegada fet el disc, una bona promoció és determinant perquè puga arribar al públic i aquest public el compre. Els mitjans de comunicació, sobretot la televisió i la ràdio, són canals molt potents de difusió musical, sense oblidar que Internet s'ha erigit, en els últims anys, en un dels mitjans principals, tant de promoció com de distribució, per a la música. Alguns artistes, com a al·licient perquè la gent compre el CD, l'acompanyen d'un DVD amb continguts extres, com directes, imatges del procés de producció del disc, entrevistes, etc.

Alternatives per a promocionar i distribuir música: penja-la en Internet

Internet s'ha convertit en un aparador mundial per a grups i solistes, amb independència de les vendes o de la popularitat, gràcies a webs que permeten *penjar* les seues cançons, de manera que els usuaris puguen baixar-les pagant directament a l'artista o, fins i tot, en molts casos, gratuïtament. Algunes de les pàgines web i de les aplicacions que permeten penjar música, baixar-ne o escoltar-ne en temps real (*streaming*) són:

- **Spotify** i **Apple Music:** són dues de les plataformes més importants per a escoltar música en temps real amb la possibilitat de baixar-ne i un mitjà molt potent per a la promoció musical de qualsevol tipus d'artista.
- **ReverbNation:** és una plataforma web que inclou milions d'artistes emergents que volen promocionar la seua música i avançar en la seua carrera.
- **SoundCloud:** xarxa social dissenyada originàriament per als músics que funciona com a plataforma de distribució d'àudio en línia en què els usuaris poden col·laborar, promocionar i distribuir els seus projectes musicals.

Figura 5.4. iTunes Store és una de les plataformes web de referència on pots comprar i baixar música i vídeos. (Imatge: Apple.)

DVD PROFESSOR

Vídeo fet en un estudi de gravació, en què es poden apreciar algunes de les fases de la producció d'un disc.

CURIOSITATS

El balanceig s'utilitza per a fer posicionar un so entre l'altaveu esquerre i el dret. En les mescles, se sol usar per a separar els instruments a cada banda i aconseguir, així, que s'escolten nítidament en conjunt.

Amb equips de so envoltant o *surround* (per exemple, els equips 5.1, 7.1 o semblants), s'aconsegueix una sensació molt més realista de la localització tridimensional en l'espai dels sons.

Figura 5.7. Taula de mescles d'una sala de control.

1.3. Coneix una mica més l'estudi de gravació

Com ja hem comentat, un estudi de gravació es compon de la **sala de control** (Figura 5.5) i de les **cabines de gravació** (Figura 5.6). Depenent de la capacitat d'aquestes sales, es pot enregistrar més o menys varietat de projectes. Així mateix, l'acústica de les cabines és molt important per a poder obtenir resultats òptims.

Figura 5.5. Sala de control.

Figura 5.6. Sala o cabina de gravació.

Tot i que ja n'hem esmentat uns quants, ara coneixerem una mica millor els components més importants de l'equip electrònic d'un estudi.

Components tècnics d'un estudi

- L'**ordinador,** veritable *centre de control* de l'estudi mitjançant el programari de seqüenciació. Dels sistemes operatius disponibles, s'acostuma a utilitzar **Mac OS** perquè és més estable, tot i que, en àmbits semiprofessionals, està més estés **Windows,** perquè és més assequible econòmicament.
- La **taula de mescles** (Figura 5.7). S'hi connecten tots els dispositius d'àudio (micròfons, instruments, CD, etc.) per a processar-los.

  Els usos més importants d'una taula de mescles són els següents:

  La variació del volum i del balanceig de cada so per a obtenir la mescla general buscada.

  L'equalització, que consisteix en el canvi de timbre del senyal mitjançant filtres per a corregir el so o potenciar-lo.

  L'afegit i l'ús d'efectes, com ara reverberació, eco, etc.

AUDICIÓ

▶ Comprova en l'audició següent (*Don't worry, be happy* de Bobby McFerrin) que la gravació multipista permet que un sol músic interprete unes quantes parts en un tema musical. Totes les veus i els cors que s'escolten en la cançó estan interpretats per McFerrin.

- La **gravadora multipista:** per a gravar veus i instruments en pistes separades.
- El ***rack* d'efectes** (Figura 5.8): s'hi pot editar la qualitat del so o el timbre de qualsevol senyal d'àudio. Una alternativa cada vegada més popular és usar efectes virtuals (per programari), molts dels quals s'inclouen en els paquets de programes de seqüenciació.
- Els **monitors** (Figura 5.9): són els altaveus que formen el sistema d'escolta principal del tècnic, encara que també pot fer servir auriculars en certs moments.
- Els **altaveus *hi-fi*** o **d'alta fidelitat** dels equips que tenim a casa realcen certes freqüències per fer plaent a les nostres orelles qualsevol tipus de música. No obstant això, els monitors dels estudis són diferents perquè reprodueixen la música d'una manera més real (més plana); així, el tècnic s'assegura que la música produïda a l'estudi es reproduirà correctament en diferents sistemes (en un equip d'alta fidelitat, al cotxe, en un local, etc.).
- La **microfonia:** és un dels elements que més influeix en la qualitat de l'enregistrament.
- El ***backline*:** molts estudis disposen de nombrosos instruments a disposició de l'artista que hi vol obtenir una sonoritat específica.

El resultat final depén de la qualitat de l'equipament i de les instal·lacions, però, sens dubte, tota la màgia del so d'un bon disc rau en la manera de fer del tècnic.

Actualment, s'ha estés molt la pràctica d'utilitzar estudis casolans semiprofessionals (*home studios)* (Figura 5.10), en què el tècnic, l'enginyer i el productor són la mateixa persona, per a fer maquetes dels temes i comprovar-ne la validesa abans d'entrar a l'estudi professional.

Figura 5.8. Un *rack* d'efectes d'un estudi.

Figura 5.10. Estudi casolà *(home studio).*

Figura 5.9. Els monitors d'estudi més utilitzats són els actius, que incorporen el seu propi amplificador.

Figura 5.11. Claude-Achille Debussy.

SAPS QUE...?

Al professor d'harmonia del Conservatori de París, Émile Durand, el feia posar de molt mal humor que Debussy no seguira les normes tradicionals de l'harmonia en els seus exercicis.

SUGGERIMENTS

Per a conéixer millor l'obra d'aquest compositor genial, pots veure el fragment d'un vídeo del *Preludi a la migdiada d'un faune.*

2 Grans compositors: Debussy

«La música comença on la parla és incapaç d'expressar. La música està feta per a allò inexpressable.» (Debussy)

2.1. Vida

Claude-Achille Debussy va nàixer a la ciutat francesa de Saint-Germain-en-Laye, el 22 d'agost de 1862. Debussy no va tenir antecedents musicals en la família; per això la seua vocació no té un origen familiar, tot i que va tenir la sort que sa tia i la seua padrina li pagaren classes de piano des de xiquet. Posteriorment, va ingressar al Conservatori de París, on va destacar com a estudiant.

Debussy es va fer veure de seguida per les innovacions formals, harmòniques i tímbriques de les seues obres, i això li va valdre crítiques molt positives –però també molt negatives– dels músics i dels crítics més tradicionalistes. No obstant això, i malgrat que van ser innovadores en molts sentits, les seues obres van ser molt ben rebudes gairebé sempre pel públic.

L'últim període de la seua vida el va dedicar a fer gires de concerts per tot Europa en què va obtenir grans èxits. Afligit per una greu malaltia, va morir el 25 de març de 1918. Hui, ningú no discuteix el paper decisiu que aquest compositor, precursor de l'impressionisme musical, va tenir com a punt de partida per a crear nous camins per a la música del segle XX.

2.2. Obra

Debussy va experimentar amb tots els gèneres musicals, inclosos el ballet i l'òpera, però va destacar en les composicions per a orquestra i, molt especialment, en la música per a piano, instrument que tocava molt bé i per al qual va obrir nous camins estilístics.

Escolta alguns fragments de la seua música tan innovadora: 4

- *3 nocturns* per a orquestra.
- *Pagodes*, de l'obra *Estampes* per a piano.
- *Preludi a la migdiada d'un faune.*

ACTIVITATS

4. Els *3 nocturns* simfònics es titulen *Fêtes* ('festes'), *Sirenes* ('sirenes') i *Nuages* ('núvols'). Associa cada fragment escoltat amb un d'aquests noms.

5. Pots trobar una relació entre el títol *Pagodes* i la sonoritat d'aquest fragment musical?

6. Amb quin instrument musical s'inicia el *Preludi a la migdiada d'un faune*? Quin és l'instrument de corda que hi entra a continuació?

7. Debussy només va poder escriure una òpera completa. Investiga-ho i esbrina'n el títol.

3 Interpretem melodies conegudes: *Yesterday*

Aquesta vegada interpretaràs un dels temes de què se n'han fet més versions del grup The Beatles i, possiblement, de tota la història de la música popular: *Yesterday*. Pots fer la teua interpretació sobre els dos acompanyaments, d'estils molt diferents, que trobaràs en el CD.

5 6 7 8

Yesterday

Música: The Beatles
Arranjament i adaptació: J. Palazón

Allegro ♩ = 84

Figura 5.12. El grup de Liverpool The Beatles (John Lennon, Paul McCartney, George Harrison i Ringo Star) està reconegut com una de les formacions musicals més importants de la història de la música popular. Discos com *Please, Please Me; A Hard Day's Night; Help!; Revolver; Sgt. Pepper's Lonely Hearts Club Band; Abbey Road* o *Let it Be*, entre altres, ens donen només una petita idea de la grandesa d'aquest grup i de la seua importància en la història de la música.

SAPS QUE...?

Diu la «llegenda» que Paul McCartney, una vegada composta aquesta cançó, la va interpretar per a moltes persones per veure si la reconeixien, perquè li semblava que l'havia escoltada en algun lloc; fins i tot la recordà en un somni abans de compondre-la.

WEB DE RECURSOS

En la web de recursos pots trobar indicacions gràfiques dels acords per a guitarra i piano.

4 *Batucada:* percussió corporal (III)

Ara practicaràs el ritme del *hip-hop*. Si hi ha cap estil musical en què el ritme siga l'element predominant és el *hip-hop*. De fet, deus haver observat que, normalment, el cantant (raper) desenvolupa les lletres en una fluència contínua i molt rítmica, i la melodia perd gairebé tota la importància. No hi ha un ritme únic de *hip-hop* pel que fa als patrons rítmics utilitzats. N'estudiarem un, però, que es fa servir bastant en aquest tipus de música i una de les variacions corresponents.

El més important en el *hip-hop* és una base rítmica amb un acompanyament senzill que deixe sentir clarament les lletres, el missatge que s'hi vol transmetre. En tot cas, els ritmes utilitzats (llançats per un DJ) fan escoltar bateries amb bombos, de vegades una mica complexos, però amb l'ajuda del vídeo podràs fer-ho sense cap problema.

WEB DE RECURSOS

En el web de recursos pots trobar el vídeo *Batucada III*, necessari per a fer aquests exercicis correctament.

En primer lloc, en practicaràs el disseny del patró base com si fóra un exercici típic de ritme. El patró és el següent:

Canta l'exercici anterior amb síl·labes rítmiques *(ti, ti-ri)* començant a una velocitat lenta i fent-la apujar progressivament. A continuació, assignarem a l'exercici anterior l'element de percussió corporal que corresponga, que serà:

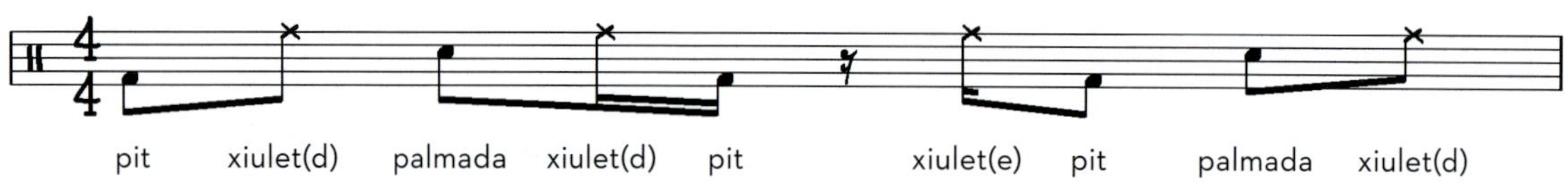

ACTIVITATS

8. Si has pogut reproduir el patró base del *hip-hop* amb l'ajuda del vídeo que tens en el web de recursos, ara és el moment de practicar-lo amb música. Per a fer-ho, et suggerim el tema *Llámalo duende*, del grup Hipnotik, andalusos que fan *hip-hop* amb influències flamenques.

A continuació, ampliarem l'estudi del patró base anterior canviant-hi el bombo de la primera pulsació. Recorda que en unitats anteriors els patrons bàsics eren modificats amb alguna variació que afectava principalment el bombo, és a dir, es manté gairebé intacta l'estructura del patró, però varia una mica el disseny *rítmic* d'aquest instrument. Fixa't en l'exemple rítmic següent:

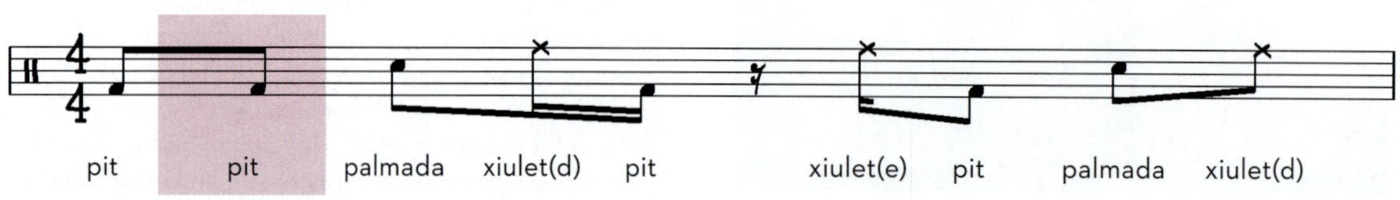

Deus haver observat que el patró anterior és gairebé idèntic al primer, llevat que la segona corxera de la primera pulsació o temps, en compte de tocar-se fent petar els dits, es toca al pit, és a dir, és un altre colp de bombo.

ACTIVITATS

9. Torna al tema *Llámalo duende* i toca aquest nou patró sobre aquell. Observaràs que ara sí que hi coincideixen tots els colps de bombo.

Com que el tema musical sobre el qual treballes té influències flamenques, acabarem aquest apartat afegint al que hem après un ritme de palmades flamenques molt utilitzat en estils com la rumba o el fandango flamencs. Tot seguit, hi ha el ritme:

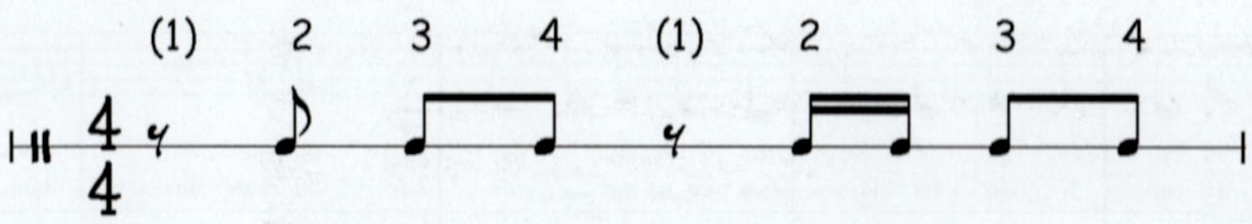

Practica aquest patró de palmades comptant totes les corxeres del compàs (8), però de quatre en quatre. Tingues en compte que **l'1 mai es percudeix.** Una vegada dominat aquest patró, toca el fragment rítmic següent, en què es combinen el ritme del *hip-hop* en les dues variants apreses i el ritme de palmades.

Exercici interpretatiu

Nota: Els claudàtors damunt dels ritmes o davall indiquen patró complet o una part.

5 A cor: *Un mundo ideal*

Alan Menken és el compositor d'*Un mundo ideal*, composta per a la pel·lícula *Aladdin*, que és la peça que interpretaràs a continuació.

Un mundo ideal

Música: A. Menken
Acomp.: J. L. Salas

6 Tècnica instrumental: alteracions en la flauta

Les *alteracions*, com saps, són signes que, col·locats a l'esquerra de la nota, en modifiquen l'altura. Es pot modificar l'altura d'un so de manera ascendent (amb un sostingut) o descendent (amb un bemoll). Una nota alterada pot tornar a l'estat normal si s'hi col·loca a l'esquerra un becaire. En l'apèndix del llibre pots tornar a consultar les posicions en la flauta per a aquestes alteracions. En el marge d'aquesta mateixa pàgina pots veure un recordatori breu sobre com s'escriuen correctament i com funcionen les alteracions.

Samba pa mí

Música: J. Palazón / J. A. Alajarín

RECORDA

En el 2n compàs l'alteració està mal col·locada:

Sí No

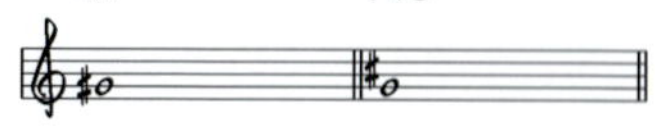

La 2a nota *si* també és bemoll:

La 2a nota *si* és natural, perquè el becaire anul·la l'efecte del bemoll anterior:

WEB DE RECURSOS

En el web de recursos pots trobar les partitures de cada instrument separadament.

7 En acústic amb David Lanz

Aquesta vegada interpretarem la peça ***Cristofori's Dream,*** pertanyent a l'àlbum del mateix nom i composta pel pianista nord-americà **David Lanz,** un dels músics més reconeguts dins del gènere musical *new-age*.

Cristofori's Dream

Música: D. Lanz
Arranjament: J. L. Salas

Figura 5.13. *Cristofori's Dream* és un dels treballs més populars del compositor David Lanz i un dels més emblemàtics de les anomenades *músiques noves* o *new-age*. Es tracta d'un àlbum molt emotiu que el compositor va dedicar a l'italià **Bartolomeo Cristofori** (1635-1731), constructor d'instruments i inventor del piano modern.

8 Concert: *L'elecció de Freia*

Ara interpretaràs una peça de concert que conté grans dosis de *producció musical*. La peça combina elements que són moda actualment, com les bases de *hip-hop*, elements de la música *rock* i, fins i tot, algun element de la música clàssica.

L'elecció de Freia

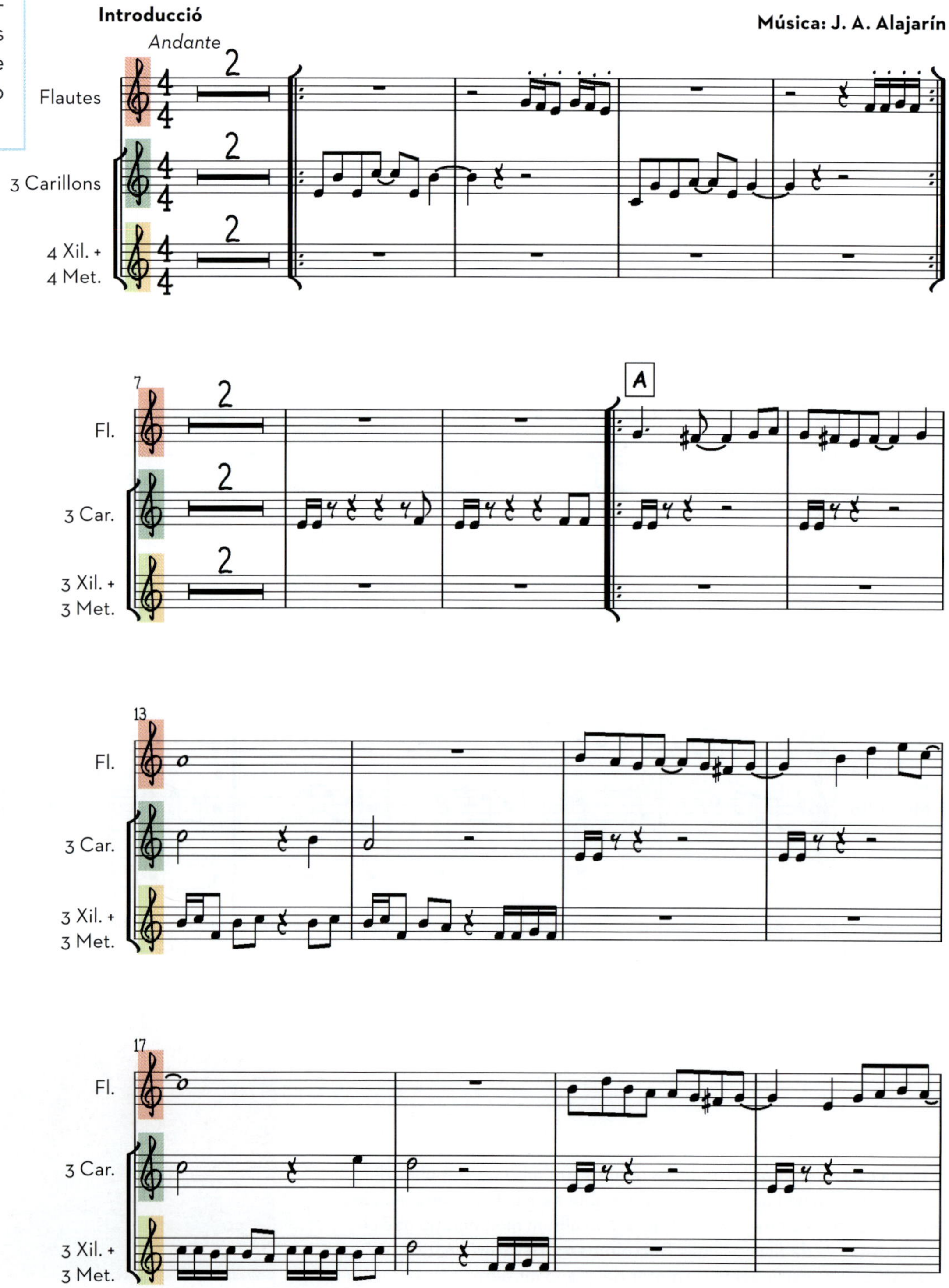

WEB DE RECURSOS

Un dels estils que més s'ha fusionat amb altres estils musicals ha estat el *rock*. Estils com el *jazz* fusió (*jazz-rock*), el flamenc fusió o el *rock* simfònic en són una bona mostra. Pots ampliar la informació sobre una d'aquestes fusions, concretament sobre el *rock* simfònic, en el web de recursos.

De 2a salta a **C**

Figura 5.14. Dins del *heavy-metal*, han sorgit tota una sèrie de subgèneres estilístics difícils de categoritzar per la falta de consens entre els mateixos aficionats, veritables *creadors* de les diferents categories. El tema *L'elecció de Freia* té sonoritats que recorden grups com Evanescence o Within Temptation, que es podrien incloure en l'estil *metal* gòtic perquè fusiona elements del *heavy-metal* amb altres d'orquestrals clàssics, a més d'una estètica fosca.

9 Taller de danses del món: *Rad Halaila*

La dansa està molt arrelada al poble d'Israel. Les danses folklòriques d'aquest país són molt conegudes i practicades pels israelians de totes les edats.

Rad Halaila és una cançó molt popular a Israel. Igual que altres cançons israelianes, s'ha acabat convertint en una dansa circular enèrgica i dinàmica de caràcter ràpid. La traducció ens mostra la importància que tenen per a ells les danses en rogle:

> «Torna, torna i farem un rogle perquè el nostre camí no s'acabe mai. De fet, la cadena encara continua, perquè els nostres cors en siguen un de sol del principi a la fi dels temps.»

SAPS QUE...?

Hui dia, uns tres-cents mil israelians assisteixen regularment a cursos de ball folklòric i a reunions socials amb ball inclòs.

Resum coreogràfic

La dansa es balla en rogle sense agafar-se les mans; durant la dansa, s'evoluciona en SCAR (sentit contrari a les agulles del rellotge), excepte al final de la part **B,** que presenta un gir o volta cap a l'esquerra en SAR (sentit de les agulles del rellotge). Hi podem diferenciar tres parts:

- **Part A:** s'executa en SCAR i està caracteritzada pel «pas saltat». Al final, es fa un gest d'alabança. Tot es repeteix dues vegades.
- **Part B:** es du a terme cap al centre i el pas saltat s'utilitza per a entrar i eixir del rogle. Aquesta part acaba amb una volta cap a la dreta i una altra cap a l'esquerra (amb tres passos cada una). A cada una d'aquestes voltes s'hi afig una palmada. S'executa dues vegades.
- **Part C:** es fa de cara al centre i combina quatre passos de polca laterals amb entrades i eixides del rogle (estructurades en quatre passos). S'executa dues vegades. El final d'aquesta part (que es repeteix tres vegades abans de tornar a començar la part A) coincideix novament amb dos passos de polca lateral i dos salts cap a la dreta obrint les cames (un de petit i un altre de gran).

QUADRE RESUM

La indústria discogràfica

La indústria discogràfica està integrada per:

Compositors, artistes, mànagers, companyies discogràfiques, productors, estudis de gravació, mitjans de comunicació i promoció, distribuïdors, comerços al detall, etc.

Companyies discogràfiques

Les companyies discogràfiques es poden dividir en:

- **Grans discogràfiques multinacionals:** plantes d'impressió i xarxes de distribució pròpies.
- **Altres companyies discogràfiques:** utilitzen la cadena de distribució pròpia de les multinacionals.
- **Segells independents:** gèneres musicals més especialitzats.

Internet

Modificació del model tradicional de distribució musical (webs i plataformes de descàrrega de música de pagament, baixades gratuïtes a través de xarxes P2P –d'igual a igual–).

La producció musical

Tasca del productor

Les tasques del productor musical en el control del procés de producció del disc se centren en aquestes dues àrees:

- Producció executiva (finançament, gestió drets, màrqueting, etc).
- Producció artística (aspectes tècnics i musicals).

Fases en la producció musical

Les etapes principals en la producció musical són:

- Finançament: pressupost de despeses.
- Preproducció: concepte del disc, selecció de temes, arranjaments, assajos, etc.
- Enregistrament: gravació per pistes; el MIDI i els instruments virtuals.
- Mescla: unió i equalització de les pistes de so; efectes especials.
- Masterització: correcció i homogeneïtzació de la mescla.
- Promoció: a través de mitjans de comunicació, publicitat i Internet.

L'estudi de gravació

A l'estudi de gravació podem trobar els elements següents:

- Sala de control.
- Cabines o sales de gravació.
- Ordinador.
- Taula de mescles.
- Gravadora o enregistrador multipista.
- *Rack* d'efectes.
- Monitors.
- Microfonia.
- *Backline*.

Apartats pràctics

Grans compositors	Debussy
Interpretem melodies conegudes	*Yesterday* (The Beatles)
Batucada	Percussió corporal (III)
A cor	*Un mundo ideal*
Tècnica instrumental: alteracions en la flauta	*Samba pa mí*
En acústic amb David Lanz	*Cristofori's Dream*
Concert	*L'elecció de Freia*
Taller de danses del món	Israel, *Rad Halaila*

ACTIVITATS FINALS

1. **Torna a llegir detingudament l'Apartat 1 de la unitat i emplena els espais en blanc amb el terme que corresponga en cada cas.**

   a) ... ha influït poderosament en la manera de comercialitzar, promocionar i distribuir la música.

   b) Les ... ... són les encarregades de finançar la producció d'un treball musical i comercialitzar-lo.

   c) La major part del mercat musical està monopolitzat per cinc grans ..., com ara ... i ...

   d) Els ... ... solen dedicar-se a gèneres musicals més especialitzats.

2. **Esbrina amb quines companyies discogràfiques han gravat discos els teus cantants o grups musicals preferits. Pots consultar-ho directament en la caràtula del disc o buscar-ho en Internet. A continuació, poseu en comú els resultats obtinguts i fixeu-vos en quin tipus de discogràfiques hi predominen, les multinacionals o els segells independents.**

3. **Respon a les qüestions següents sobre la figura del productor musical.**

   a) En què consisteix la tasca d'un productor musical?

   b) De quins aspectes de la creació d'un disc es fa càrrec la producció executiva?

   c) I quines facetes corresponen a la producció artística?

   d) Quins requisits ha de tenir un bon productor musical?

   e) Quines diferències hi ha entre la faena d'un productor musical i la d'un enginyer de so?

4. **Escull un dels productors musicals que s'esmenten en la unitat i busca'n informació (estudis cursats, artistes amb què ha treballat, discos produïts, etc.).**

5. **Explica breument cada una de les fases de la producció d'un disc: finançament, preproducció, gravació o enregistrament, mescla, masterització i promoció.**

6. **L'aplicació del llenguatge MIDI i dels instruments virtuals al procés de producció d'un disc ha fet possible que una sola persona puga enregistrar amb un teclat les parts corresponents a diferents instruments musicals. Com penses que pot afectar els músics professionals?**

7. **Sabem que, quan s'enregistren per pistes les diferents veus i els instruments musicals, sovint es comença per la bateria i s'acaba amb les veus. Quina et sembla que és la raó per la qual s'acostuma a fer en aquest ordre?**

8. Relaciona cada un dels components tècnics següents d'un estudi de gravació amb la definició corresponent.

• Monitors	• S'utilitza per a gravar veus i instruments en pistes separades.
• Microfonia	• Centre de control de l'estudi mitjançant el programari de seqüenciació corresponent.
• *Rack* d'efectes	• Es fa servir per a editar la qualitat del so o el timbre de qualsevol senyal d'àudio.
• Ordinador	• S'hi connecten tots els dispositius d'àudio. Permet variar-ne el volum, el balanceig, etc.
• Gravadora multipista	• Element per a la recepció del so, influeix molt en la qualitat de l'enregistrament.
• Taula de mescles	• Són els altaveus que formen el sistema d'escolta principal del tècnic.
• *Backline*	• Instruments musicals que hi ha a l'estudi de gravació a disposició de l'artista.

9. Activitats d'audició: *La vareta màgica del productor: abans i després.* Comprova la importància del procés de producció en un tema musical:

- En aquesta audició, escoltaràs dos fragments corresponents a la cançó *Como Camarón*, d'Estopa; l'un és una maqueta i l'altre és el tema tal com es mostra en el seu disc *Estopa*, després del procés de producció. Quin és la maqueta i quin, la cançó del disc? Quines diferències hi observes?
- Escolta dues versions de diferent producció musical per a cada una d'aquestes cançons: *Walk this way*, d'Aerosmith, i *Más que nada*, de Sergio Mendes. Comenta com influeix en el concepte i la sonoritat del tema.

10. Entra en http://soundation.com/studio i aprén a utilitzar-ne el mesclador virtual en línia. En la imatge de baix s'assenyalen les seccions principals de l'editor. Fes una minicomposició de huit compassos (cc.) que tinga les pistes següents:

1. 125 909 Kick.wav (col·loqueu-ho en cc. 1 a 8).
2. 125 909 Snare.wav (col·loqueu-ho en cc. 1 a 8).
3. BassTranced C.wav (col·loqueu-ho en cc. 1 a 8).
4. 125 PercArabic.wav (col·loqueu-ho en cc. 5 a 8).

Una vegada inclosos els huit compassos amb els instruments requerits, fes una mescla que siga equilibrada i exporta el resultat *(File/Mixdown)*. Hauràs aconseguit editar i mesclar la teua primera cançó.

6 LA MÚSICA I LES ARTS ESCÈNIQUES

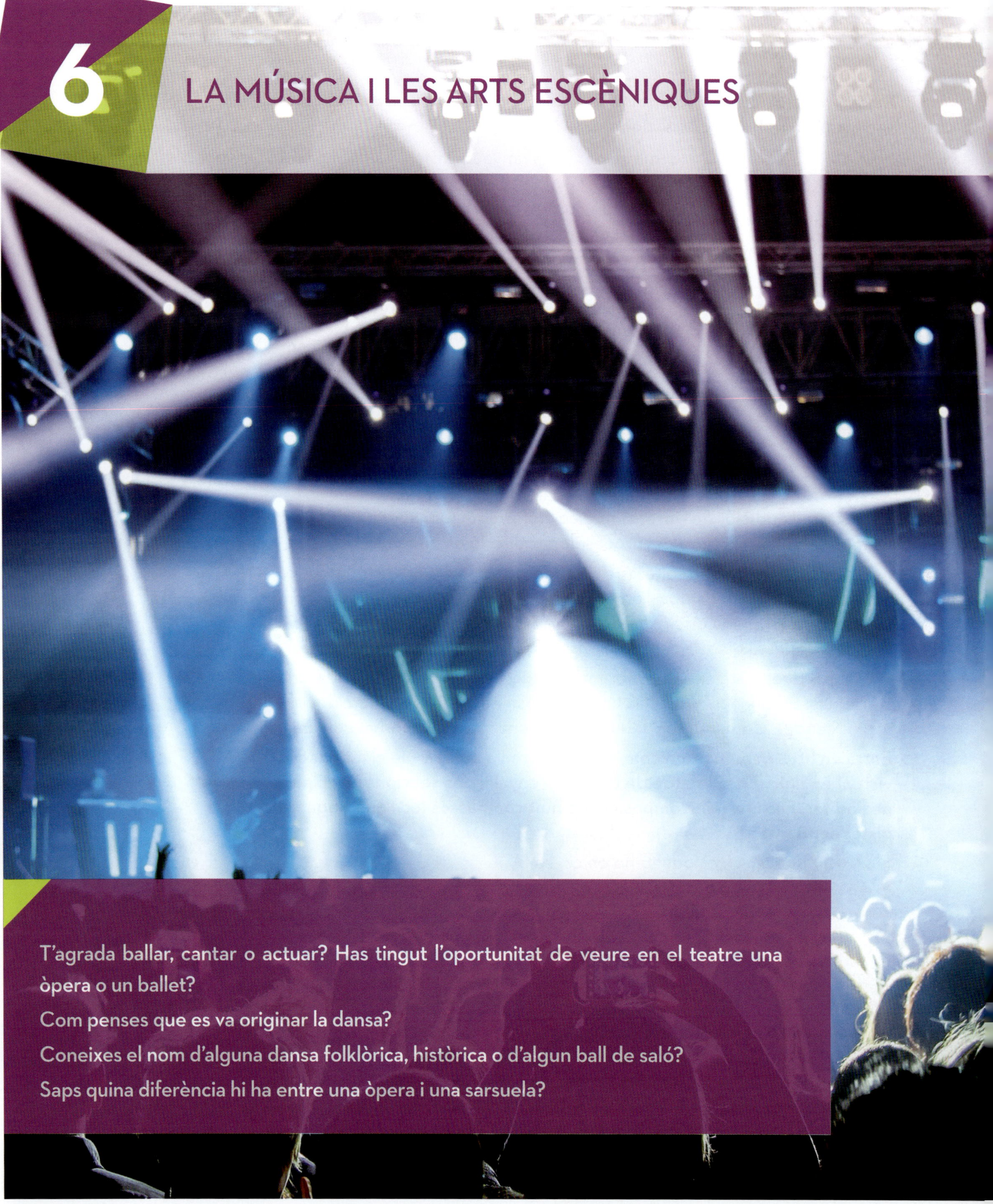

T'agrada ballar, cantar o actuar? Has tingut l'oportunitat de veure en el teatre una òpera o un ballet?

Com penses que es va originar la dansa?

Coneixes el nom d'alguna dansa folklòrica, històrica o d'algun ball de saló?

Saps quina diferència hi ha entre una òpera i una sarsuela?

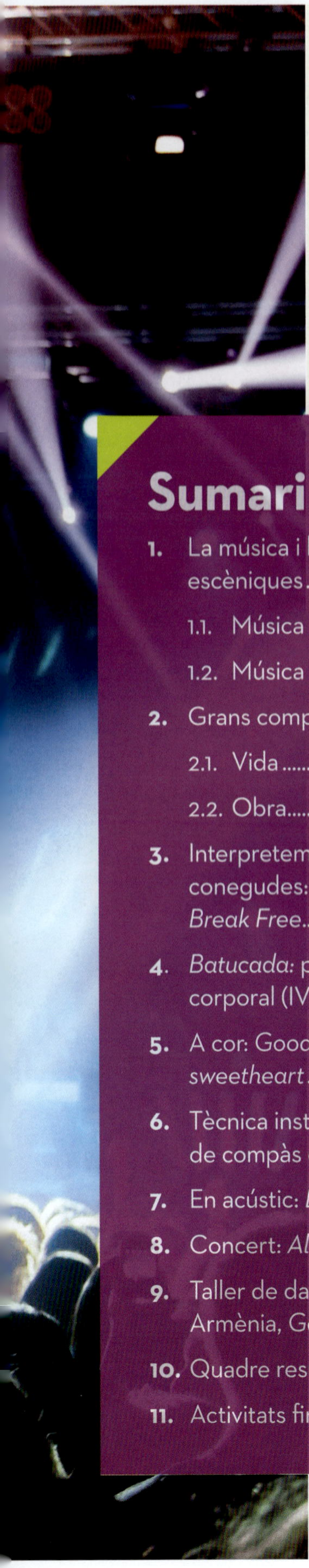

Sumari

1. La música i les arts escèniques 136
   - 1.1. Música i dansa 136
   - 1.2. Música i teatre 140
2. Grans compositors: Falla 142
   - 2.1. Vida 142
   - 2.2. Obra 142
3. Interpretem melodies conegudes: *I Want to Break Free* 143
4. *Batucada:* percussió corporal (IV) 144
5. A cor: *Good night, sweetheart* 146
6. Tècnica instrumental: canvis de compàs en làmines 147
7. En acústic: *La Perla Negra* 148
8. Concert: *Altair* 150
9. Taller de danses del món: Armènia, *Garun* 153
10. Quadre resum 154
11. Activitats finals 156

Una òpera

***Carmen*, de Bizet (en la versió de la Filharmònica de Londres, sota la direcció de Philippe Jordan). Distribuïda per Opus Arte. 2003**

Un musical

***Cats*, d'Andrew Lloyd Weber. Universal. DVD 903658937**

El musical amb més temps en el cartell de la història. Considerat per molts com l'espectacle que ha canviat el teatre musical modern.

Una pel·lícula

***Billy Elliot. Quiero bailar.* Dirigida per Stephen Daldry (2000)**

Narra la història d'un jove adolescent pertanyent a una família minera que lluita per aconseguir la seua gran passió: ballar.

1 La música i les arts escèniques

Des de fa segles, la música ha estat lligada a l'escena. Al llarg de la història, els compositors han vist en les arts escèniques un món ple de possibilitats per a desenvolupar les seues idees musicals. Això ha permés el sorgiment de gèneres com l'òpera, el ballet o el teatre musical.

En aquesta unitat, coneixerem millor aquestes arts en què la música i el teatre o la música i la dansa s'integren en una simbiosi perfecta.

Figura 6.1. Potser la **dansa** és la més «vella» de les arts, perquè, per a ballar, l'home no va haver d'inventar cap eina ni estri, només necessitava el cos; va descobrir que podia moure'l i el va moure; així, va nàixer la dansa.

1.1. Música i dansa

La *música* i la *dansa* (Figura 6.1) han estat vinculades des del començament de la història i han estat utilitzades per l'home per a divertir-se, expressar els seus sentiments i acompanyar tota mena d'esdeveniments i de celebracions.

Si buscàrem una definició de dansa, probablement la primera paraula en què pensaríem seria moviment. Quan ballem, utilitzem el ritme de la música com a base per a expressar-nos a través del moviment del cos. Per tant, la dansa no és solament una reacció física davant de l'estímul musical, sinó també un instrument de comunicació. Ballar és expressar emocions i idees fent moure el cos en l'espai; així, els moviments del cos humà són com paraules, no se senten, però diuen coses als ulls.

La dansa ha estat present en la vida de l'ésser humà des de temps prehistòrics (Figura 6.2). No es coneix cap cultura o societat, per primitiva o civilitzada que siga, que no balle com a forma d'entreteniment i de manifestació social (Figura 6.3). No obstant això, també s'ha desenvolupat com a tipus d'espectacle, lligat a l'escena teatral, que ha donat lloc al que coneixem com a ballet.

Figura 6.2. La dansa està present en tota mena de cultures i de llocs del món. En la imatge, pots observar la coneguda *dansa del ventre*, molt popular a Orient.

Figura 6.3. Els homes prehistòrics ja utilitzaven la dansa per a atraure la pluja, obtenir bona caça i bona collita o demanar ajuda als déus. Així està representat en pintures rupestres de fa més de deu mil anys.

A continuació, coneixerem més coses sobre la dansa, tant pel que fa al vessant de manifestació social com a la faceta d'espectacle.

1.1.1. La dansa social

Com ja hem dit abans, la dansa ha existit al llarg de tota la història i continua sent un mitjà de diversió en la societat actual. Podem distingir diferents tipus de dansa, atenent-ne la funció social, malgrat que totes tenen en comú una estructura determinada (passos, tipus de moviments, etc.) i un ritme que és característic de cada una.

Així, podem parlar de **danses populars** i **folklòriques,** vinculades als costums, a les celebracions o a les tradicions d'un poble. Solen conservar una estructura invariable al llarg de moltes generacions i es transmeten de manera oral, de pares a fills.

Espanya és un país molt ric en aquesta mena de balls; en la unitat següent aprendràs més coses sobre aquests balls. Com a exemple, podem esmentar-ne les jotes, les sevillanes (Figura 6.4), els fandangos, etc.

La dansa també s'ha fet servir com a símbol d'ostentació entre les classes socials altes; va constituir un dels entreteniments preferits de la noblesa durant el Renaixement i el Barroc. Entre aquest tipus de **danses cortesanes,** podem destacar la pavana, la gallarda, la sarabanda o el minuet.

En el segle XIX, fruit de la nova societat burgesa, sorgeixen els *balls de saló* (el vals, la polca, el bolero...), a què se sumaran en el segle XX altres **danses populars urbanes** (Figura 6.5) com el tango, el xarleston, la rumba, el txa-txa-txa, el *twist* o el *rock-and-roll.*

A l'origen, eren merament lúdics, però la repercussió social que van tenir va ser tan destacada que van donar lloc a la creació de sales específiques per a practicar-los. Actualment, es practiquen també com a modalitat esportiva en competicions nacionals i internacionals.

Figura 6.4. Sara Martí interpretant sevillanes, ball tradicional estés per tota la geografia espanyola. Fotografia de Jesús Villenas.

Figura 6.5. El ***break dance*** és un estil de ball de carrer que va nàixer associat a la música *rap.*

ACTIVITATS

1. Comprova la teua intuïció musical: escolta els fragments musicals següents que pertanyen a algunes de les danses que acabem d'explicar i identifica quins són entre els noms que et proposem: vals, rumba, pavana, tango i jota.

1.1.2. El ballet clàssic

Durant els segles XVII i XVIII, la dansa era una pràctica habitual en les corts i en els salons de l'aristocràcia. Prompte, però, va passar a ser interpretada en un escenari per ballarins professionals i va donar lloc a un nou espectacle teatral. Va ser el naixement del **ballet clàssic** (Figura 6.6).

Figura 6.6. Ballarines de **ballet clàssic** durant un assaig.

Així, la dansa es va convertir en art, en un espectacle en què s'explicava una història per mitjà del ball, emmarcat per la música, el vestuari i els decorats.

S'acostuma a marcar com a data del començament de la història del ballet el 1581, any en què es va representar el *Ballet comique de la reine,* encarregat per **Caterina de Mèdici** per a celebrar un casament. És la primera representació teatral que es coneix que uneix dansa, música i acció.

En el segle XVII, a França, el rei **Lluís XIV** va fundar l'Acadèmia Reial de Dansa (la primera escola professional de ball); per això, pel fet que els passos van ser denominats i codificats per primera vegada a França, el francés és el llenguatge internacional del ballet.

La tècnica del ballet consisteix en posicions i moviments que s'han anat codificant al llarg dels segles, a la recerca de formes belles i elegants. Exigeix una gran formació tècnica dels ballarins.

Figura 6.7. Posicions bàsiques del ballet clàssic, creades per Pierre Beauchamp. Hi ha sis posicions bàsiques tant per als peus com per als braços.

Elements d'un ballet

- La *coreografia* (conjunt de passos i moviments que componen un ballet) es pot fer sobre una música composta expressament per al ballet en qüestió o sobre una obra musical ja existent.
- L'*argument* d'un ballet rep el nom de *llibret* o *guió*. Pot ser escrit especialment per al ballet en qüestió o ser adaptat d'un llibre, una obra de teatre o una òpera.
- El *decorat* mira de deixar el màxim espai lliure per a ballar. Alguns ballets moderns el substitueixen per projeccions audiovisuals i il·luminació especial.
- El *vestuari* dels primers ballets estava format pels vestits elegants de l'època. En el segle XIX, **Maria Taglioni** va popularitzar el tutú, una falda acampanada de tela translúcida, que es va anar fent més curta al llarg del segle i es va convertir en el vestit típic de la ballarina. Es van inventar també les *sabatilles de punta,* que van permetre als ballarins ballar sobre les puntes dels dits dels peus.

SAPS QUE...?

Un dels primers ballarins de ballet va ser **Lluís XIV,** rei de França. En una coreografia, va interpretar el paper del Sol, fet que li va valdre l'apel·latiu de **Rei Sol.**

En el segle XX, els ballarins i els coreògrafs es van rebel·lar contra les sabates de punta i els moviments estudiats i bells, i van buscar un moviment més natural; va sorgir així la **dansa moderna** o **dansa contemporània** (Figura 6.8). A més, la dansa va eixir dels teatres i es va representar al carrer, a les places, a les estacions o a les escoles.

Figura 6.8. Actuació de **dansa contemporània.**

Algunes dades

- Fins a la fi del segle XVII, no es va permetre la presència de dones a l'escenari, per això els papers femenins eren interpretats per homes.
- Alguns ballets famosos: *Giselle* (d'**Adam**); *La sílfide*, *El llac dels cignes* o *El Trencanous* (de **Txaikovski**); *L'ocell de foc* (de **Stravinski**)...
- Coreògrafs rellevants: **Noverre** (segle XVIII), els russos **Petipa** (segle XIX) i **Diaghilev** (segle XX). En la dansa contemporània, destaquen **Isadora Duncan** i **Martha Graham.**
- Ballarins mítics, com ara **Anna Pavlova, Nijinski** o **Rudolf Nurejev,** o més actuals, com **Nacho Duato, Julio Bocca, Alicia Alonso** o **Tamara Rojo.**

Figura 6.9. La ballarina espanyola Tamara Rojo és reconeguda com una de les més destacades en l'escena mundial i ha rebut guardons importants, com el premi Príncep d'Astúries de les Arts (2005) i l'Orde de Comanador de l'Imperi Britànic (2016).

ACTIVITATS

2. Observa les dues imatges corresponents al ballet clàssic i a la dansa contemporània que es mostren en l'apartat i comenta quines diferències hi observes.

1.2. Música i teatre

1.2.1. La música i el teatre. L'òpera

Les relacions entre la música i el teatre van sorgir fa molt de temps. Des de les antigues civilitzacions occidentals, com Grècia (Figura 6.10), la música va lligada a les representacions teatrals i, en civilitzacions orientals, com el Japó i la Xina, la unió entre la música i el teatre també és mil·lenària.

En el Barroc, amb el naixement de l'òpera pels volts de l'any 1600, es consolida la unió definitiva entre la música i el teatre. L'òpera és, bàsicament, una representació teatral cantada. Musicalment, podem distingir-hi unes quantes parts, com ara l'*obertura*, les *àries*, els *recitatius* i els *cors*.

DVD PROFESSOR

En aquest fragment de *La bohème* pots veure una escena en què els quatre bohemis es desempalleguen hàbilment del propietari de la casa que va a cobrar-los el rebut impagat del lloguer.

Figura 6.11. Imatge d'una representació de *La bohème*, de **Puccini.**

Figura 6.10.
La música va lligada al teatre des de l'antiguitat.

Un exemple d'òpera: *La bohème*, de Puccini

Les òperes van anar variant els temes al llarg del temps. Així, en el Barroc l'argument dels llibrets acostumava a basar-se en temes històrics, com la història de Roma. En el segle XIX i el principi del XX, els compositors s'estimaven més els temes més realistes, més pròxims a la gent.

En l'òpera *La bohème* (Figura 6.11), de **Puccini,** es conta una d'aquestes històries realistes, que arribaven més al públic i que ha convertit aquesta òpera en una de les més representades.

Ambientada en el París del 1830, *La bohème* explica la història de quatre bohemis: un poeta, un pintor, un músic i un filòsof, que proven de triomfar en el món artístic d'aquesta ciutat, mentre sobreviuen amb molt pocs mitjans econòmics en unes petites golfes. La història se centra en l'amor d'un d'ells, Rodolf, el poeta, amb la seua veïna Mimi.

SAPS QUE...?

Les històries necessitaven ser adaptades per a poder ser cantades en l'òpera. Aquesta versió per a ser cantada s'anomenava **llibret** i els autors eren **els llibretistes.** Els compositors acostumaven a tenir els seus llibretistes preferits.

ACTIVITATS

3. Investiga i esbrina en Internet l'argument de les òperes *La Traviata*, de **Verdi,** i *Orfeo*, de **Monteverdi,** i resumeix-los en el quadern. Quina història et sembla més realista? Per què? A quin període musical pertany cada compositor?

1.2.2. La sarsuela

En el segle XVIII, sorgeix a Espanya un gènere escenicomusical anomenat *sarsuela*. Hi havia obres de grans escriptors espanyols, com **Lope de Vega** i **Calderón de la Barca,** que s'interpretaven davant de la cort de **Felip IV** (gran aficionat al teatre), al pavelló de caça del palau de la Zarzuela (anomenat així pel gran nombre d'esbarzers –*zarza,* en castellà– que hi havia al voltant). D'ací ve el nom que va adoptar aquest gènere musical. En aquestes primeres representacions, s'intercalaven els diàlegs teatrals dels actors amb parts cantades i, fins i tot, danses.

En el segle XVIII, el gènere és eclipsat per l'òpera; en el segle XIX, però, sorgeix amb força gràcies a compositors com **Francisco A. Barbieri** i **Tomás Bretón.** La sarsuela, a diferència de l'òpera, tindrà un caràcter més popular i folklòric pel que fa a l'argument i a la música.

Tot i que l'òpera i la sarsuela es podrien definir com a teatre cantat, són gèneres completament diferents, perquè:

- La sarsuela és un gènere exclusivament espanyol, mentre que l'òpera és un gènere internacional (hi ha òperes italianes, alemanyes, franceses, etc.).
- L'òpera és totalment cantada, mentre que en la sarsuela s'alternen escenes cantades amb passatges parlats.

Sarsuela: música per a la vida quotidiana

Els arguments de les sarsueles més populars s'inspiren, normalment, en situacions de la vida quotidiana (moltes són ambientades a Madrid) del segle XIX i el principi del XX. Això ho pots observar en la lletra del Cor de les criades, de la sarsuela *Agua, azucarillos y aguardiente* del compositor **Federico Chueca.**

Cor de les criades

Las señoras nos mandan
a Recoletos con los bebés,
pa que tomen el fresco
por los jardines, ¡arza y olé!
Nos encargan que vayamos
siempre detrás,
y que no nos separemos
de ellos jamás;
pero si nos sale un tipo
de esos que nos hacen tilín,
¡vaya si se quedan solas
las criaturitas al fin!

SAPS QUE...?

En el segle XIX, es comencen a fer sarsueles curtes perquè es puguen representar unes quantes vegades durant un mateix dia i esdevenir, així, més rendibles.

Com que tenien una durada més breu, aquest tipus d'obres es van classificar com a ***género chico,*** enfront del gènere gran o sarsuela gran. Les obres del *género chico* tenien arguments ben senzills, molts dels quals basats en la vida quotidiana madrilenya.

Figura 6.12. Imatge de *La verbena de la Paloma* de **Tomás Bretón.**

DVD PROFESSOR

En aquest fragment de la sarsuela *La Dolores*, de Tomás Bretón, pots veure que les danses folklòriques (en aquest cas, una jota) també formen part d'aquest gènere musical.

ACTIVITATS

4. En la sarsuela, trobem molta música inspirada en el folklore espanyol, com aquest fragment de la sarsuela de **Tomás Bretón** *La verbena de la Paloma* (Figura 6.12).

També hi ha, però, igual que en l'òpera, cançons d'amor molt boniques que se solen denominar *romances,* en compte d'*àries,* com en l'òpera. Escolta, interpretada pel tenor **Plácido Domingo,** un fragment de la romança *No puede ser* que pertany a la sarsuela *La tabernera del puerto,* del compositor **Pablo Sorozábal.**

2 Grans compositors: Falla

«La música no és sols l'art més jove, sinó també, potser, l'únic que, per a exercir-lo eficaçment, exigeix una completa joventut d'esperit.» (Manuel de Falla)

Figura 6.13. Manuel de Falla.

2.1. Vida

Manuel de Falla va nàixer a Cadis el 23 de novembre de 1876. Va rebre les primeres nocions de música del seu avi i de sa mare, que era pianista. A més, la criada que el va criar de menut li cantava moltes melodies populars andaluses que van deixar empremta en el compositor.

A causa de les dificultats econòmiques que travessava la família, Falla va deixar la seua residència a Cadis i es va mudar a Madrid, on va continuar els estudis musicals. El 1907, Falla es va traslladar a París, on va conéixer compositors com Debussy, Ravel o l'espanyol Albéniz, que ja hi residia. El contacte amb aquests músics va fer ampliar molt el coneixement de Falla sobre la música del nou segle. El 1914, amb l'esclat de la guerra, torna a Madrid i, després de la mort dels pares, finalment es trasllada a Granada, a una casa prop de l'Alhambra, on es va envoltar d'amics com García Lorca i en què va escriure les seues millors obres.

Falla va passar els seus últims anys a l'Argentina. A la ciutat argentina de Córdoba, el 14 de novembre de 1946, va morir un dels compositors més grans que ha donat el panorama musical espanyol.

SAPS QUE...?

Falla era un xiquet amb molta imaginació. Encara molt menut, va inventar una ciutat imaginària, projectada ben detalladament, en què hi havia un diari i un teatre d'òpera; fins i tot va escriure per a aquest diari i va esbossar una òpera per al teatre.

2.2. Obra

Les obres de Falla reflecteixen influències que van des de les melodies tradicionals andaluses fins a la seua admiració per la música del Renaixement espanyol, passant per l'estil impressionista. La seua producció inclou gèneres tan variats com l'òpera, el ballet, la música simfònica, la música de cambra, les obres per a piano i cançons.

Escolta uns quants fragments de la seua música: 19

- *En el Generalife* (de l'obra *Noches en los jardines de España*).
- *3 cançons populars espanyoles* (de l'obra *7 canciones populares*).
- *El amor brujo*.

ACTIVITATS

5. Els tres fragments de cançons populars que acabes d'escoltar es titulen *Cançó*, *Jota* i *Cançó de bressol*. Sabries dir quin correspon a cada fragment?

6. Fes una descripció tímbrica (instruments) del fragment d'*El amor brujo*.

7. Ja coneixes la música impressionista de Debussy. Quin dels fragments de la música de Falla que acabes d'escoltar penses que està influït per l'impressionisme?

3 Interpretem melodies conegudes: *I Want to Break Free*

Queen és una de les bandes de *rock* més importants de tots els temps. El grup britànic, format el 1971 per Freddie Mercury (cantant), Brian May (guitarra), Roger Taylor (bateria) i John Deacon (baixista), ens ha deixat temes com *We Are the Champions, We Will Rock You, Radio Ga-Ga, I Want to Break Free* o *Bohemian Rhapsody,* entre molts altres, que se situen entre el més corejats d'aquest grup. Aquesta vegada, interpretaràs el tema *I Want to Break Free*.

I Want to Break Free

Música: John Deacon (Queen)
Adapt. i acomp.: J. Palazón i J. A. Alajarín

Allegretto ♩ = *108*

WEB DE RECURSOS

En el web de recursos pots trobar indicacions gràfiques dels acords per a guitarra i piano.

4 *Batucada:* percussió corporal (IV)

En aquesta unitat estendrem el treball de la percussió corporal a altres parts del cos introduint-hi el colp sobre la cuixa i la utilització dels peus. El professor t'indicarà com s'ha d'interpretar aquesta peça.

WEB DE RECURSOS

En el web de recursos pots trobar un vídeo amb la interpretació d'aquesta peça.

Body Percu-song

Música: M. A. López / J. Palazón

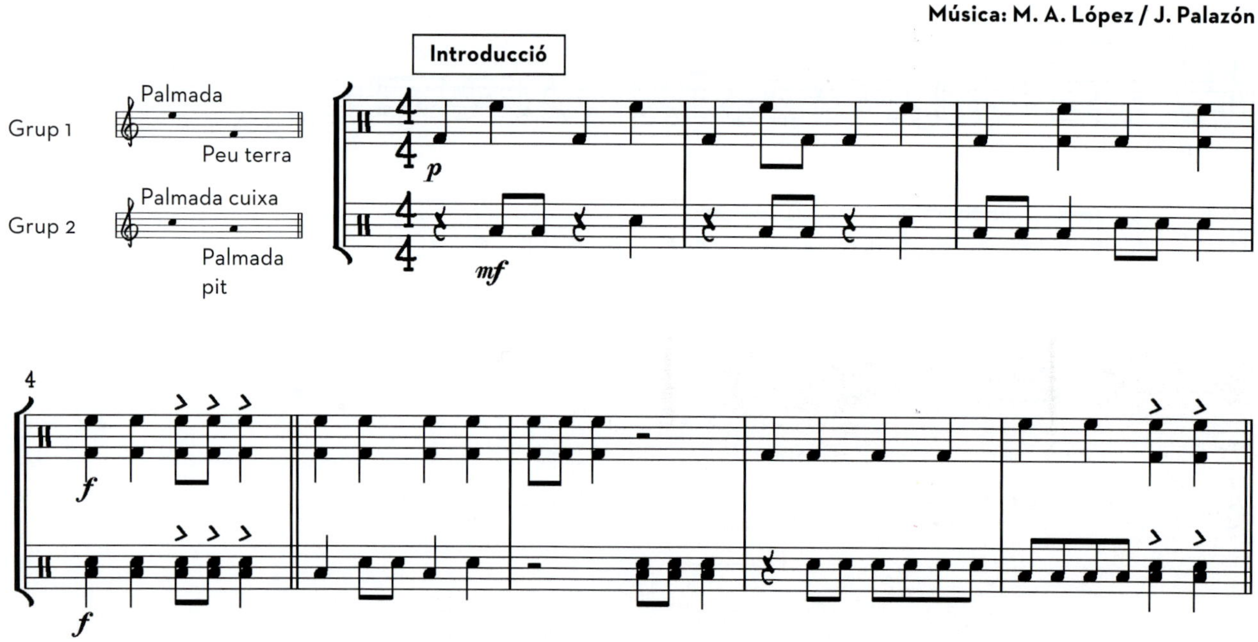

Figura 6.14. Mayumana ofereix en els seus espectacles dansa, música, teatre i humor, tot plegat governat pel ritme. La percussió que hi utilitzen prové d'objectes quotidians, com ara contenidors de fem i altres elements reciclats.

5 A cor: *Good night, sweetheart*

Ara interpretaràs una cançó originària dels EUA inclosa en el repertori de molts cors del món perquè té un caràcter alegre i desimbolt. En la cançó es descriu el comiat d'una parella a la matinada.

Good night, sweetheart

Música: C. Carter / R. Sund
Acompanyament: José Palazón

a AUDICIÓ

▶ Escolta aquesta cançó interpretada per la Coral Discantus. Pots demanar ajuda al professor d'anglés per a aconseguir pronunciar correctament el text i, també, per a traduir-lo.

6 Tècnica instrumental: canvis de compàs en làmines

La nostra naturalesa binària (dues cames, dos braços, dos ulls) i altres raons de caire cultural fan que sentim de manera natural els compassos de 2/4 i 4/4. Els compassos de 3/4 (utilitzats, per exemple, en valsos, buleries, sevillanes, etc.) ens són una mica més aliens a l'hora de tocar o cantar; malgrat tot, és important dominar qualsevol tipus de compàs.

Allò més habitual en una composició és que hi haja un únic compàs. No obstant això, s'hi utilitza el terme **amalgama** per a indicar que una composició fa servir dos compassos o més que es van alternant entre si. A la dreta, pots veure un exemple típic de compàs d'amalgama.

En l'exemple següent pots veure com s'alterna un compàs de 3/4 i un de 2/4:

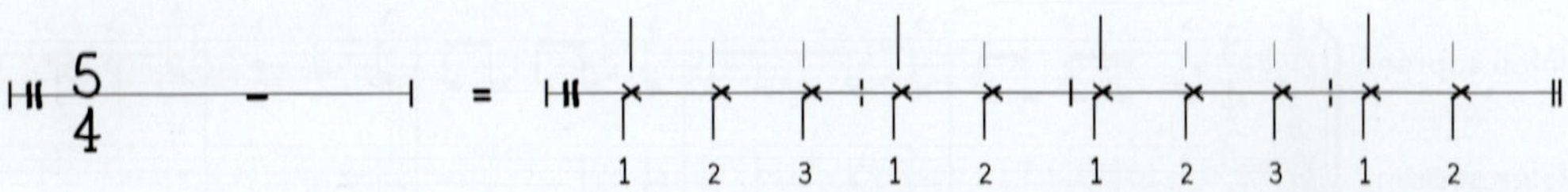

Les pulsacions i els nombres més grans indiquen on recauen els temps forts.

RECORDA

Si al començament d'una peça veiem el compàs següent:

podem deduir que es tracta de la combinació d'un 3/4 més un 2/4:

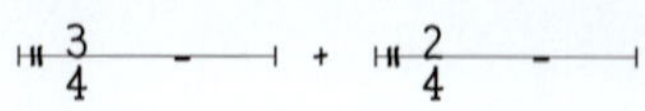

Tot i que també podria ser al revés.

Exercici interpretatiu

Vals arpegiat

Música: J. Palazón / J. L. Salas

WEB DE RECURSOS

En el web de recursos pots trobar les partitures de cada instrument de manera separada.

7 En acústic: *La Perla Negra*

Aquesta vegada interpretaràs el tema principal de la saga de pel·lícules *Pirates del Carib* (Figura 6.14), amb música composta pel compositor alemany Hans Zimmer. Aquest tema, titulat ***La Perla Negra***, ha estat acceptat de manera excel·lent des que es va crear pels motius rítmics tan atractius i enèrgics que el compositor va generar per a acompanyar les escenes d'acció. Actualment, és un tema utilitzat ben sovint com a sintonia de diferents programes televisius.

Interpreta aquesta peça tan divertida amb els instruments que hi ha a classe seguint les indicacions del professor.

La Perla Negra

Música: Hans Zimmer
Arranjament: J. Palazón / J. L. Salas

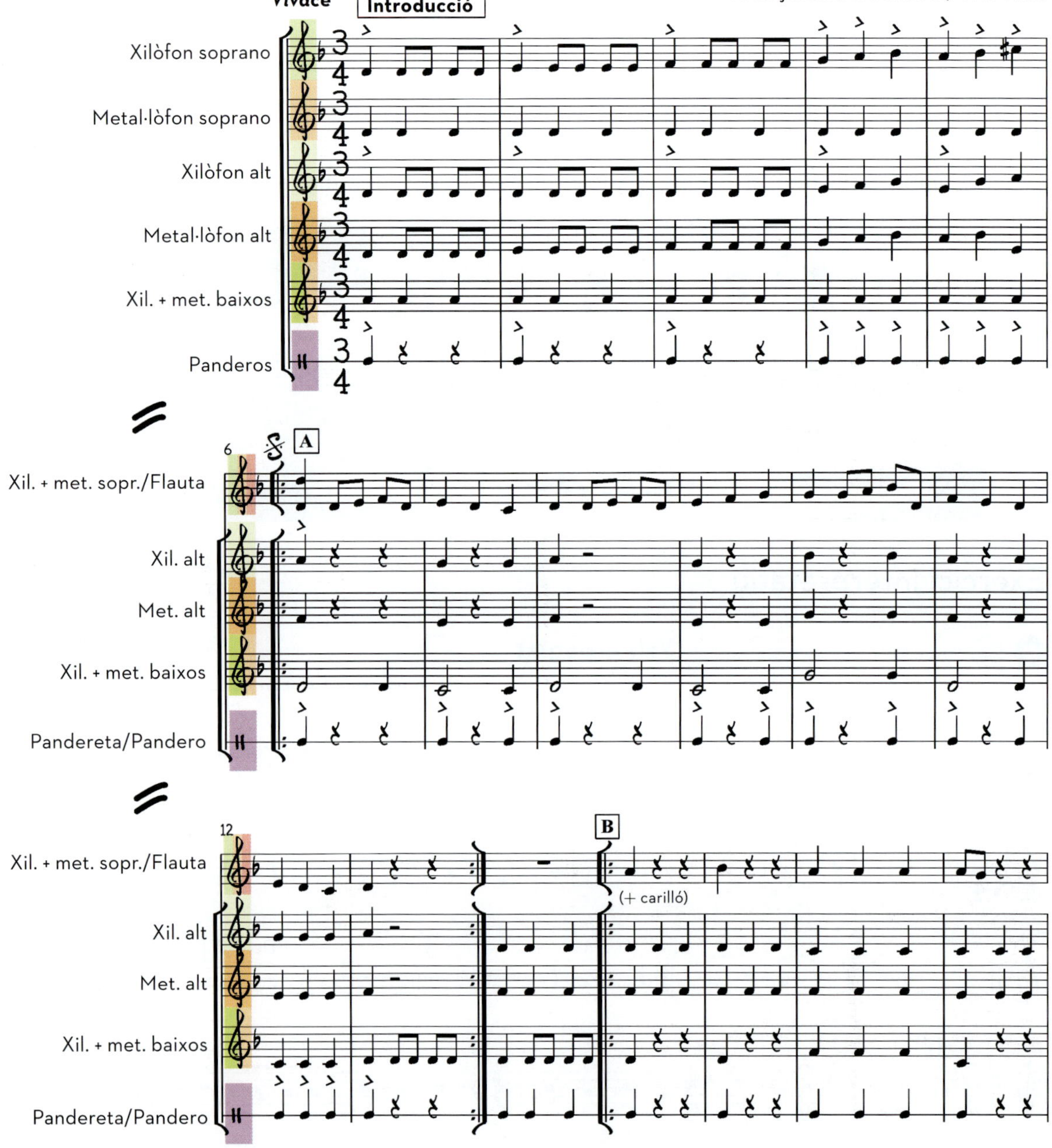

Figura 6.15. Les tres parts de la saga de pel·lícules *Pirates del Carib* han estat dirigides pel nord-americà Gore Verbinsky.

WEB DE RECURSOS

Altair és una composició a l'estil més pur de la música de cine. En el web de recursos pots trobar més informació sobre aquest gènere musical i sobre un dels seus grans exponents, el compositor Ennio Morricone, autor de la banda sonora de pel·lícules com *El bo, el lleig i el dolent* o *La missió*.

8 Concert: *Altair*

En aquest apartat interpretaràs ***Altair,*** una peça a l'estil de les bandes sonores de les pel·lícules. Com ja deus saber, aquest estil de música ha d'acompanyar, de vegades, escenes molt diferents en un espai reduït de temps. Per això, el compositor empra canvis de compàs, de timbre i de dinàmica en una mateixa peça. Interpretant aquesta obra experimentaràs per tu mateix aquests canvis tan comuns en la música de cine.

El professor t'indicarà com s'ha d'interpretar aquesta peça sobre la base enregistrada, en què trobaràs una orquestra simfònica que t'acompanyarà en aquesta aventura sonora.

25

Altair

Música: J. L. Salas

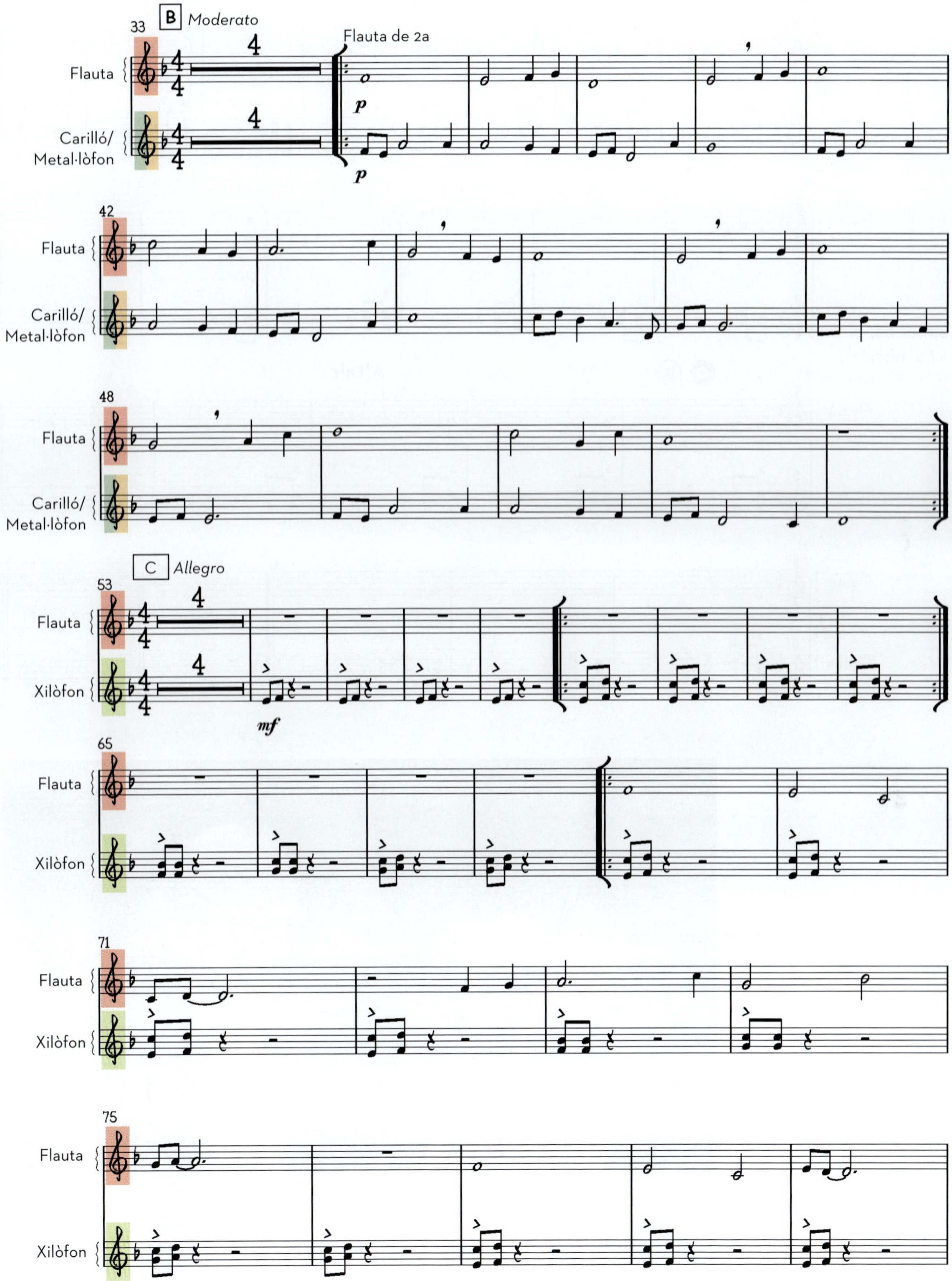

B Moderato
Flauta de 2a
Flauta
Carilló/ Metal·lòfon
C Allegro
Xilòfon

Figura 6.16. Nascut a Nova York el 1932, John Williams fa més de cinquanta anys que es dedica a compondre música per a cine i a captivar moltes generacions amb les seues emocionants melodies. Considerat un dels millors compositors d'aquest gènere, ha compost la música de pel·lícules tan populars com ara *Jaws* (*Tiburón*), *La guerra de les galàxies*, *ET: l'extraterrestre*, *Indiana Jones*, *La llista de Schindler*, *Harry Potter* o *Memòries d'una geisha*.

9 Taller de danses del món: Armènia, *Garun*

En aquesta última unitat ballaràs una dansa armènia. La dansa d'aquest país s'inscriu en segles de rica cultura en la història d'aquesta regió caucàsica. Es balla agafant-se les mans o amb els braços sobre els muscles dels altres, que simbolitzen la unitat, l'harmonia i l'estímul. De vegades, hi ha un *bar-bashi,* o líder, que, amb un mocador roig a la mà, guia la línia dels ballarins durant tota la dansa. Curiosament, el moviment dels peus és sovint més important que el de la resta del cos. Xafar fort el terra representa la història de la pèrdua de terres armènies. Hi ha danses que representen l'estil de vida quotidià i la cultura de l'antiga Armènia. Per exemple, el *laz bar,* que prové de la regió de la mar Negra, representa els pescadors que celebren les captures recolzant-se els uns sobre els muscles dels altres.

Figura 6.17. A la ciutat de Múrcia se celebra cada dos anys una trobada regional de danses que aplega estudiants d'escoles i d'instituts que ballen junts una selecció de danses del món.

Garun significa 'primavera' i és, sens dubte, la cançó *folk* més popular d'Armènia. Es tracta d'una cançó d'amor típica en què el cantant ha perdut l'enamorada pel verí de les males llengües i li demana que torne amb ell. La cançó ha esdevingut tan popular que se n'han fet versions en àrab, en turc i en grec. Tom Bozigian, músic, ballarí i coreògraf nord-americà famós d'origen turcoarmeni i especialista en dansa etnogràfica armènia, va crear la coreografia per a la cançó *Garun.*

Resum coreogràfic

La coreografia que ara aprendràs comença amb tots els participants disposats en posició circular (en rogle), amb les mans agafades i els braços en forma de W. El moviment del rogle sempre es dirigeix en sentit contrari al de les agulles del rellotge. En aquesta dansa, podem diferenciar-hi dues parts:

- Part A, que s'executa de cara al centre alternant successivament dos «passos saltats» amb voltes i palmades.
- Part B, en què hi ha «passos caçats» laterals que se succeeixen amb xafades i cames llançades alternades. Més tard, es fan successivament dues palmades, mentre el rogle avança en cercle i fa un salt cap endins del rogle.

QUADRE RESUM

Música i dansa

La música i la dansa han estat vinculades des del començament de la història com a mitjà de diversió i entreteniment, i han acompanyat diferents manifestacions socials. El desenvolupament de la dansa com a tipus d'espectacle, lligada a l'escena teatral, va donar lloc al que coneixem com a ballet.

La **dansa social** (la dansa com a forma d'entreteniment i manifestació social):

- **Danses populars:** vinculades als costums o a les tradicions d'un poble. Exemples: jotes, sevillanes...
- **Danses cortesanes:** practicades per la noblesa com a diversió i demostració del seu poder. Exemples: pavana, *allemande,* minuet...
- **Balls de saló:** sorgeixen a partir del segle XIX com a element de diversió sense distinció de classe social. Exemples: vals, tango, txa-txa-txa...

El **ballet clàssic** (la dansa com a espectacle teatral): s'hi explica una història per mitjà del ball acompanyat de la música, el vestuari, els decorats. Exigeix una gran formació tècnica dels ballarins.

Té l'origen en el segle XVI amb el *Ballet comique de la reine*. En el segle XVIII, a França, el rei Lluís XIV va fundar l'Acadèmia Reial de Dansa (la primera escola professional de ball); per aquesta raó, el francés és el llenguatge internacional del ballet.

Com a exemple de ballets emblemàtics podem destacar *Giselle,* d'Adam, o *El llac dels cignes,* de Txaikovski. Com a personatges rellevants en la història del ballet, els coreògrafs Petipa i Diaghilev, ballarins mítics com Anna Pavlova o Rudolf Nurejev, o més actuals, com ara Julio Bocca o Tamara Rojo.

La **dansa moderna**

En el segle XX, els ballarins i els coreògrafs es van rebel·lar contra les sabates de punta i els moviments més estudiats i encotillats del ballet clàssic, i van buscar un moviment més natural; d'aquesta manera va sorgir la dansa moderna o dansa contemporània.

Música i teatre

L'**òpera:** representació teatral totalment cantada, en què es distingeixen diferents parts, com l'obertura, les àries, els recitatius i els cors. Exemples: *La bohème*, de Puccini; *La Traviata*, de Verdi...

En el Barroc, l'argument de les òperes solia versar sobre temes històrics o mitològics, però a partir del segle XVIII es busquen temes més pròxims al públic.

La **sarsuela:** gènere escenicomusical espanyol en què s'alternen escenes cantades amb passatges parlats, amb arguments de caràcter més popular. Depenent de la durada, es distingeix entre *género chico* i gènere gran. Exemple: *El barberillo de Lavapiés*, de Barbieri.

Apartats pràctics

Grans compositors	Falla
Interpretem melodies conegudes	*I Want to Break Free*
Batucada	Percussió corporal (IV)
A cor	*Good night, sweetheart*
Tècnica instrumental	Canvis de compàs en làmines
En acústic	*La Perla Negra*
Concert	*Altair*
Taller de danses del món	Armènia, *Garun*

ACTIVITATS FINALS

1. A partir del que has estudiat en la unitat, prova de donar una definició de dansa.
2. Classifica les danses següents, segons corresponga: jota, vals, pavana, sarabanda, sevillanes, rumba, minuet i tango.
   - Danses populars:
   - Danses cortesanes:
   - Balls de saló:
3. Visita la pàgina web següent: http://www.danza.es/multimedia/coreografias. Hi ha seqüències videogràfiques d'actuacions de solistes i companyies de dansa. Tria una coreografia i comenta-la opinant sobre la interpretació dels ballarins (tècnica, expressió, etc.), la coreografia, la música, el vestuari, el decorat, etc.
4. Què diferencia la dansa teatral de les danses socials? I el ballet clàssic de la dansa contemporània?
5. A continuació, hi ha una sèrie de noms relacionats amb el món del ballet. Indica quina professió tenen: Maria Taglioni, Petipa, Txaikovski, Anna Pavlova, Diaghilev, Rudolf Nurejev i Stravinski.
   - Ballarins:
   - Coreògrafs:
   - Compositors:
6. Digues el nom de tres ballets famosos.
7. Explica el significat dels termes següents:
   - *Llibret.*
   - *Romança.*
   - Género chico.
   - *Coreografia.*
8. Quin és l'origen de l'ús del terme «sarsuela» per a designar aquest gènere musical? Explica la diferència entre *género chico* i sarsuela gran.
9. Assenyala les diferències que hi ha entre l'òpera i la sarsuela.

10. **Esbrina l'argument de la sarsuela *La verbena de la Paloma*, de Tomás Bretón, i resumeix-lo. On es va estrenar? Pertany al *género chico* o a la sarsuela gran?**

11. **Inventeu la vostra pròpia coreografia: dividiu la classe en grups i creeu les vostres coreografies. A continuació, hi ha una sèrie d'orientacions per a facilitar-vos la tasca:**

    - Primer de tot, cal triar la cançó. Penseu que el caràcter de la peça condicionarà el tipus de passos i de moviments. Us suggerim que utilitzeu música amb ritme marcat.
    - Escolteu la cançó detingudament i analitzeu-ne la forma (parts que té, si es repeteixen...). Podeu seguir l'estructura de la música amb el ball (per exemple, quan es repeteix la mateixa secció musical, es poden repetir els mateixos passos).
    - La coreografia pot ser una successió de passos, de figures i de moviments (*) o pot tenir un caràcter descriptiu, en què s'imite alguna situació i es faça servir el llenguatge gestual i la mímica.

      (*) Podeu utilitzar passos de danses que conegueu (rogle, espiral, parelles en fila, roda...) o, fins i tot, exercicis gimnàstics (del tipus aeròbic), etc.
    - No teniu per què eixir tots sempre al mateix temps, podeu alternar les aparicions, introduir-hi fragments solistes, ballar tots al mateix temps o fer simultàniament moviments diferents.
    - És molt important que la coreografia s'adeqüe a la música i que balleu perfectament coordinats.
    - Afegiu-hi «una nota de color» utilitzant un vestuari adequat i introduint en escena algun element decoratiu que s'hi adiga. També podeu incorporar a la coreografia altres elements amb què interaccioneu (barrets, mocadors, una granera...).

Ànim, hi ha moltíssimes possibilitats. Si us agrada el resultat, podeu interpretar-la en alguna festa de l'institut.

1 Treballem amb el TrakAx

WEB DE RECURSOS

Per a conéixer millor el programa consulta el document *Per a conéixer millor el TrakAx*, que hi ha en el web de recursos.

En aquest apartat, aprendrem a utilitzar el programa TrakAx, amb què podrem fer una gran varietat de treballs combinant-hi de manera senzilla música, fotografies i vídeos.

En primer lloc, has de baixar el programa de la web http://trakax.com. N'hi ha una versió gratuïta de quinze dies, prou temps per a poder fer el projecte.

Una vegada baixat el programa, obri'l. Així podràs observar les diferents zones en què s'organitza la pantalla d'aquest programa (Fig. A.1):

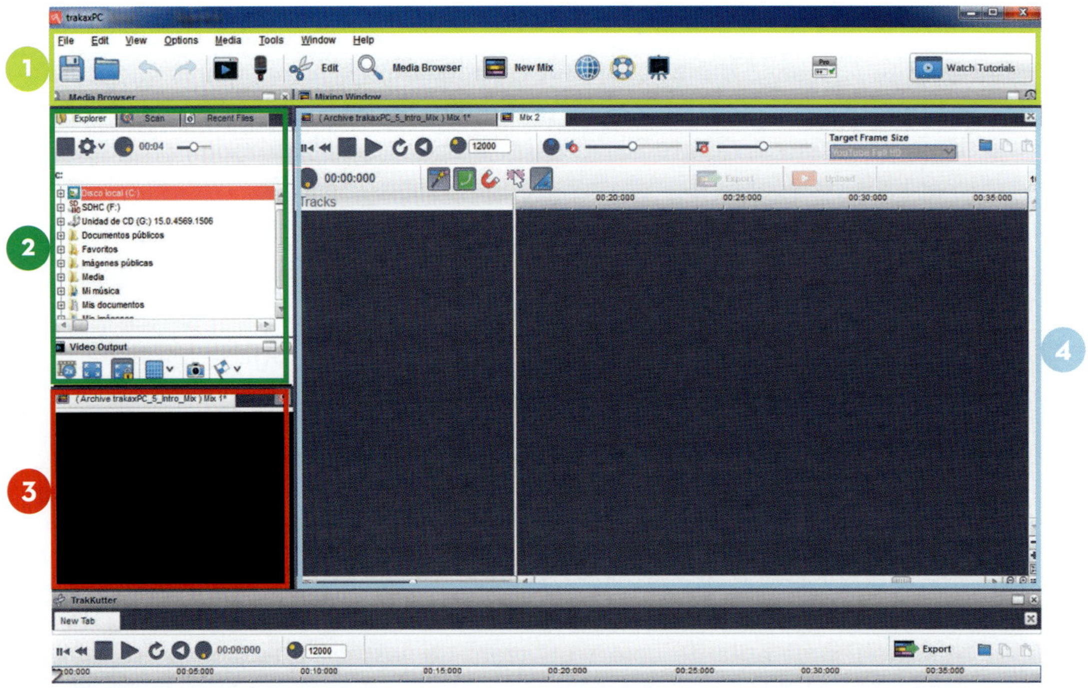

Figura A.1.

1. **Barra de menú** *(Menu bar)*: situada a la part superior de la pantalla, ens permet accedir a totes les opcions del programa.
2. **Explorador** *(Media browser)*: situat a l'esquerra, davall de la barra de menús, és semblant a l'explorador de Windows. Des d'aquesta finestra podem buscar els fitxers que utilitzarem en el projecte: música, fotos o vídeos.
3. **Visualització** *(Video output)*: situada davall de l'explorador, és la finestra en què visualitzarem el resultat del projecte. Cada vegada que seleccionem un fitxer fotogràfic o de vídeo en l'explorador del programa, aquesta finestra ens mostrarà una visualització del contingut. De la mateixa manera, es podran sentir els fitxers d'àudio quan se seleccionen.
4. **Mesclador** *(Mix)*: ocupa la major part de la pantalla i és la finestra principal del projecte, en què manipularem les pistes dels diferents fitxers i hi durem a terme la mescla.

SAPS QUE...?

El disseny i la manera de treballar del programa TrakAx es deu molt a programes professionals com l'Acid, de Sony Creative Software. En la seua pàgina web, pots trobar-ne una versió debades que es pot baixar: Acid XPress.

A continuació, estudiarem **com s'usa cada una** de les zones del programa.

1. Primer de tot, buscarem en l'explorador *(Media browser)* el primer fitxer que vulguem fer servir en el projecte (Figura A.2).
2. Quan l'hàgem trobat, el seleccionarem. Veurem que, quan el seleccionem, si és un fitxer d'**àudio,** es reproduirà automàticament.
3. Si es tracta d'una **foto** o d'un **vídeo,** es mostrarà en la finestra de **visualització.** D'aquesta manera, podrem comprovar i triar el fitxer que ens interesse (Figura A.3).
4. Per a afegir al projecte qualsevol fitxer, cal arrossegar-lo-hi des de la finestra de l'explorador, mantenint premut el botó esquerre del ratolí i deixant-lo anar en la finestra del **mesclador** *(Mix 1).*

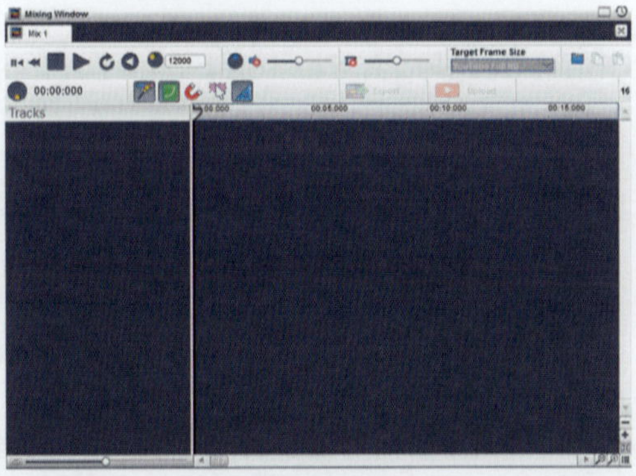

5. Quan arrosseguem el fitxer, es crearà una pista en la finestra del mesclador; el tipus de pista creat dependrà del tipus de fitxer:
   - Un fitxer d'**àudio** crearà una pista d'**àudio.**
   - Un fitxer de **vídeo** crearà dues pistes: una de vídeo amb la **imatge** i una altra d'àudio amb el **so.**
   - Un fitxer **fotogràfic** crearà una pista semblant a la del vídeo, ja que per defecte crea una **imatge fixa** d'uns quants segons de durada. Aquesta durada es pot ajustar al nostre gust posteriorment.

Una vegada vistes les pautes bàsiques per a fer servir aquest programa, començarem arrossegant-hi un fitxer d'àudio (en aquest cas un ***loop* o bucle musical** de huit temps) i veient les característiques de la pista creada:

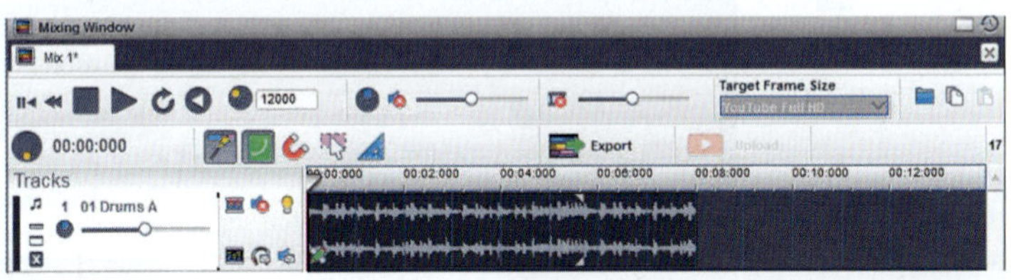

Observa que s'hi ha creat una pista ***(track)*** en què la informació d'àudio està representada per l'objecte allargat blau. Fixa't, a més, que darrere de l'objecte hi ha una reixeta i que l'objecte s'hi desplega per damunt en huit dels segments. Això passa perquè el fitxer d'àudio està «tallat» netament en huit temps (comença exactament en l'inici del temps 1 i acaba exactament al final del temps 8).

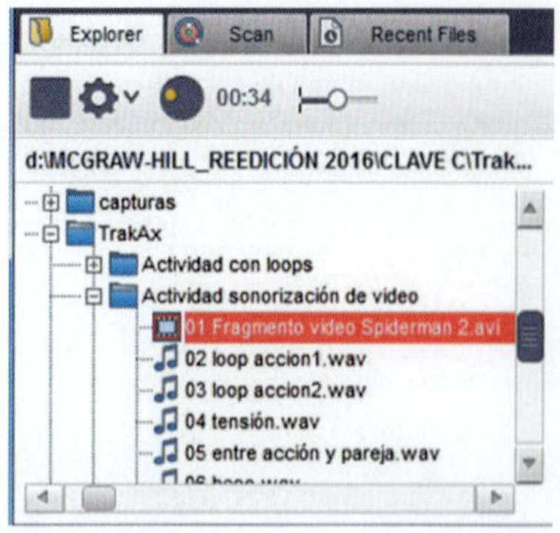

Figura A.2.

Figura A.3.

RECORDA

Un *loop* és un fragment d'àudio que podem utilitzar per a compondre una peça. Els *loops* poden ser de percussió, de guitarra, de baix, etc.

CURIOSITATS

Sincronitzar àudio i vídeo no sempre ha estat tan senzill. A l'inici del cine, es va utilitzar un sistema *(clic track)* que consistia a fer petites incisions en la cinta de la pel·lícula. Aquestes marques produïen uns clics en passar-la que servien de referència al director musical per a ajustar adequadament música i imatge.

A continuació, veurem **com podem manipular aquests objectes per a allargar-ne la durada:**

1. En primer lloc, hem de seleccionar l'objecte blau, fent servir el botó esquerre del ratolí. Una vegada seleccionat, hem de col·locar el punter del ratolí tot just a l'extrem dret de l'objecte, mantenir premut el botó esquerre i moure el ratolí cap a la dreta; llavors, com si fóra art de màgia, l'objecte s'allargarà fins on vulguem.

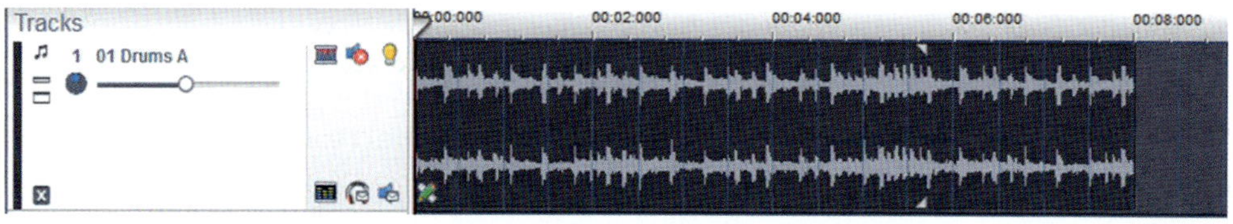

2. D'aquesta manera, hem desplegat tres temps més el *loop*.

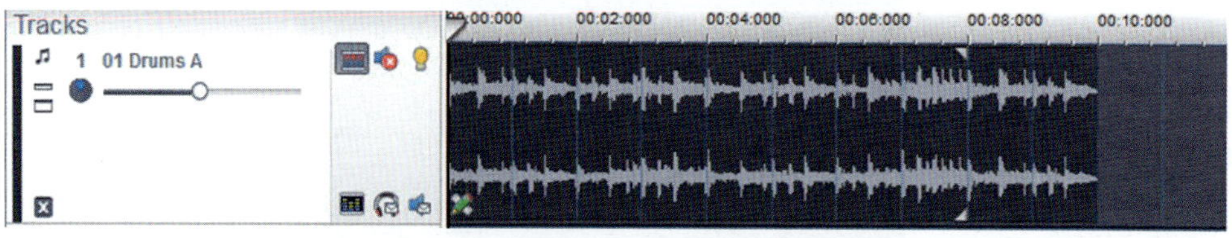

El procediment que hem usat per a desplegar l'objecte de la pista d'àudio és el mateix per als objectes de les pistes de vídeo i fotogràfiques.

Ara aprendrem a usar les **eines «envoltants»** sobre la nostra pista d'àudio. Per a fer-ho, hem de posar el punter sobre l'objecte triat, mantenir premut el botó dret del ratolí i seleccionar **insereix** *(Insert)* i, posteriorment, envoltant de volum *(Volume Envelope)*. Quan deixem anar el botó, es crearà, automàticament, una línia roja a la part superior de l'objecte.

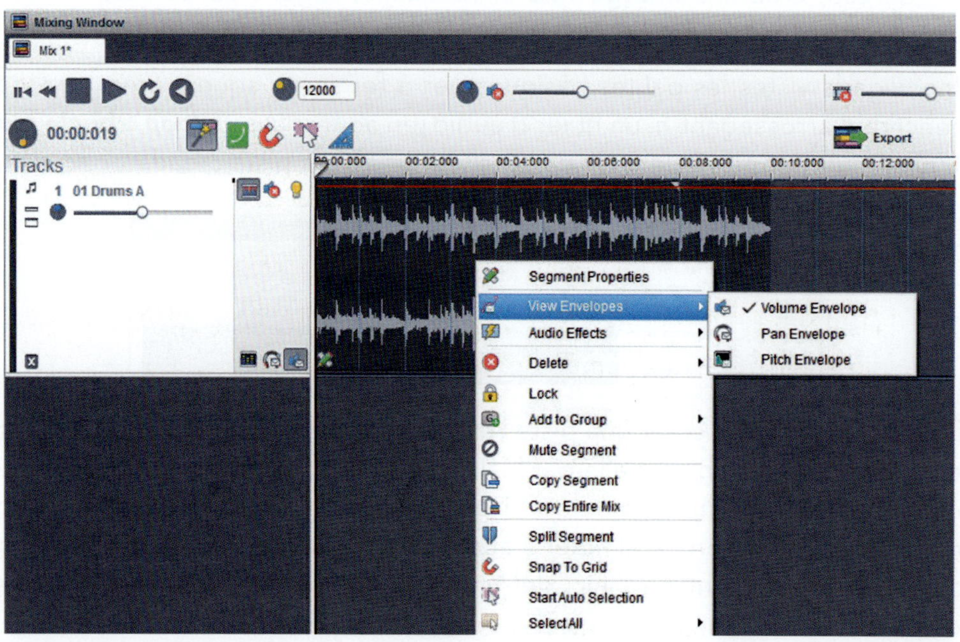

De l'altura a què se situe aquesta línia dependrà el volum d'eixida de la pista.

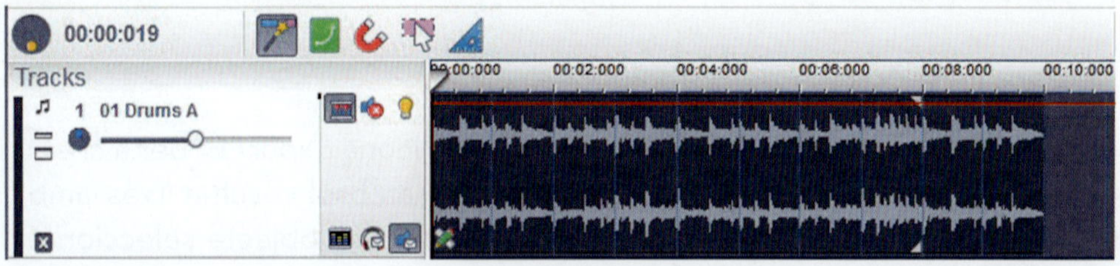

Si col·loquem el punter sobre aquesta línia i usem el botó dret del ratolí (o fem doble clic sobre la línia roja de l'envoltant), podem crear punts d'edició per a poder variar, així, el volum gràficament, en què –gradualment– el punt més alt és el volum màxim i el punt més baix, el silenci.

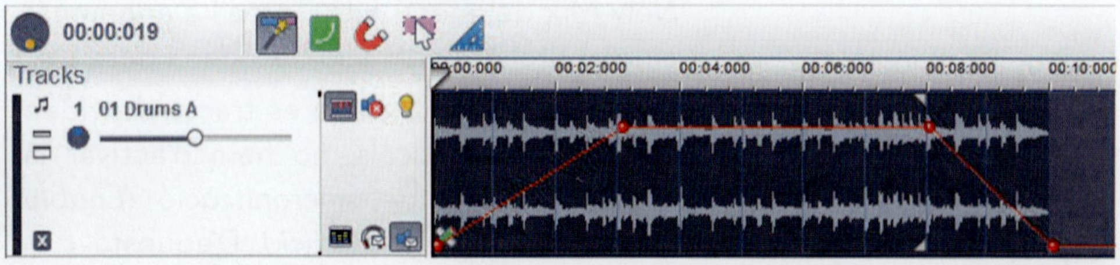

En la imatge, podem veure una mostra de l'ús dels envoltants, que creen efectes de pujada *(Fade in)* i baixada *(Fade out)* del volum de la pista, eina molt útil per a fer mescles i transicions suaus entre diferents fitxers. Les pistes de vídeo i de fotografies funcionen de manera semblant.

A continuació, descriurem les **icones de les pistes** i estudiarem per a què serveixen (Figura A.4):

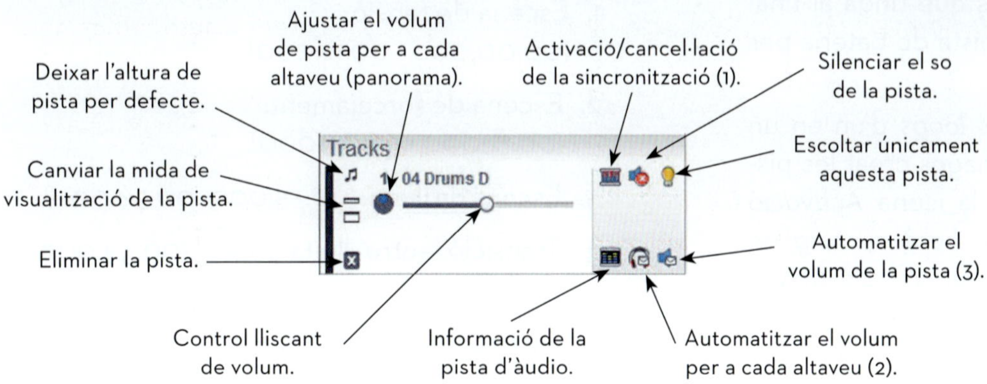

Figura A.4. Icones amb les opcions generals d'una pista.

(1) És la icona més important i, per defecte, no està seleccionada. Si es marca, l'àudio se sincronitza al *tempo* del projecte.

(2) Automatitzar significa que es pot modificar el volum d'àudio per a cada altaveu de manera personalitzada, fent doble clic en la línia que es mostra quan seleccionem aquesta icona.

(3) En aquest cas, podem personalitzar el volum en qualsevol punt de la pista d'àudio, eina que ens permet fer foses d'entrada o d'eixida (*fade in* o *fade out*) seguint els mateixos passos indicats en el punt (2).

RECORDA

La paraula *tempo* procedeix de l'italià i, en el camp de la música, fa referència a la velocitat d'una obra.

SAPS QUE...?

El TrakAx disposa dels controls habituals de reproducció de qualsevol editor d'àudio i vídeo: reproduir des del principi, rebobinar, parar, reproduir, reproduir en *loop* (en bucle) i fixar la velocitat del projecte.

SAPS QUE...?

És fonamental que ajustes la velocitat del projecte abans d'arrossegar qualsevol pista a la zona d'edició. Simplement, hi has d'introduir la velocitat que se't demane amb el teclat numèric i prémer la tecla **Introd.**

CASOS PRÀCTICS

Ara posarem en pràctica el que hem après del programa **TrakAx** amb dos casos pràctics. El primer se centrarà en l'ús de ***loops*** musicals, mentre que el segon consistirà a sonoritzar un vídeo amb fragments musicals. Tots els fitxers necessaris per a fer aquests casos pràctics els pots trobar en el **web de recursos.**

1. **Munta el tema que et proposem usant-hi** *loops:*
   - Crea un projecte nou seleccionant l'opció *New Mix* del menú *File*. Torna'l a anomenar amb el títol *Loops musicals* i desa'l des del menú *Archive,* opció *Save As...*
   - Després, ajusta el *tempo* del projecte a **168.** Aquest és el *tempo* original de la cançó, tot i que podràs variar-lo posteriorment.
   - El tema l'hem dividit en quatre parts: **A** (que dura **4** compassos), **B** (en dura **8**), **C** (en dura **6**) i **D** (en dura **4**). Cada *loop* s'ha d'utilitzar en una part o en més d'una. Per a saber a quina part correspon cada *loop,* només cal que et fixes en les lletres que tinga al final (per exemple: *Drums* **A:** pista de bateria per a la part **A**).
   - Importa (arrossegant) els *loops* d'un en un al projecte. Una vegada hages creat les pistes, selecciona en totes la icona *Activació de sincronització (Enable beat syncing on this track)* per a poder moure els fitxers i que queden ancorats a la reixeta per a poder manipular-los fàcilment. Primerament, importa-hi només les pistes de bateria (**01** a **04**) i construeix-ne l'estructura completa donant a cada *loop* la durada necessària per a obtenir l'estructura proposada abans (cal que tingues en compte que segurament necessitaràs allargar algun dels *loops* per a respectar-ne l'estructura).
   - Fes el mateix amb la resta dels *loops* en l'ordre indicat.
   - Per acabar, usa la icona *Export* per a crear i desar un fitxer amb el resultat (vés amb compte de no tenir cap objecte seleccionat en la finestra, ja que, en aquest cas, només es desaria aquest objecte).
2. **Sonoritza el fragment de vídeo que hi ha en el web de recursos.**
   - Crea un projecte nou seleccionant l'opció *New Mix* del menú *File*. Torna'l a anomenar amb el títol *Sonorització de vídeo* i desa'l.
   - En aquest cas, com que es tracta de vídeo i fragments musicals, no hem d'activar la icona *Activació de sincronització (Enable beat syncing on this track).* D'aquesta manera, podrem moure els fitxers al llarg del projecte sense que queden ancorats a la reixeta.
   - Importa el fitxer de vídeo i silencia'n la pista d'àudio.
   - Et proposem cinc moments en què pots dividir l'escena:
     1. Escena de tensió: *(00:00:000 - 00:12:000).*
     2. Escena de forcejament: *(00:12:000 - 00:35:000).*
     3. Escena de lluita: *(00:35:000 - 00:54:000).*
     4. Transició entre lluita i bes: *(00:54:000 - 01:05:000).*
     5. Escena del bes: *(01:05:000 - 01:54:000).*
   - Escolta cada un dels fitxers d'àudio proposats i importa'ls en l'ordre i la localització que consideres correctes. A més, potser vols allargar-ne algun perquè coincidisca amb la durada de l'escena corresponent.
   - Insereix envoltants de volum al començament i al final dels fragments d'àudio per a crear transicions suaus.
   - Finalment, desa el resultat en un fitxer.

2 Música i aplicacions mòbils

Les apps, o aplicacions mòbils, estan dissenyades per a ser executades, principalment, des de telèfons mòbils i tauletes, per això és molt senzill instal·lar-les i manejar-les. A aquest avantatge se'n suma un altre, el de poder connectar-se ràpidament amb altres usuaris i continguts. Tots aquests avantatges han impulsat la creació de nombroses aplicacions d'usos molt diversos. La música no ha estat aliena a aquest procés: el panorama d'apps musicals va evolucionant ràpidament i, actualment, n'hi ha una gran quantitat que podem aprofitar en aspectes diversos de l'aprenentatge de la música. A continuació, treballarem una mostra de set apps. Proposarem una activitat per a cada app i després farem dos casos pràctics extensos fent-ne servir unes quantes.

2.1. L'AutoRap

L'**AutoRap** és una aplicació ben divertida per a crear *raps* de manera ràpida i fàcil a partir d'una base rítmica i de l'enregistrament de la nostra pròpia veu. L'app elabora automàticament un *rap* que es pot desar en l'aplicació si es té un compte d'usuari. També es poden reptar altres usuaris, fet molt típic en el món del *rap*.

L'ús de l'AutoRap és molt senzill: s'obri l'app, se selecciona un dels dos ritmes disponibles en la versió gratuïta (Figura A.5), s'enregistra la veu amb les frases que es volen rapejar (Figura A.6) i l'app en fa la mescla final.

> **IMPORTANT**
>
> L'AutoRap és una app gratuïta del desenvolupador Smule disponible per als dispositius amb sistemes Android i iOS.

> **PER A SABER-NE MÉS**
>
> L'AutoRap ofereix una secció ben interessant anomenada «Mejores raperos», que consisteix en una llista amb els millors *raps* creats pels usuaris. (Figura A.7)

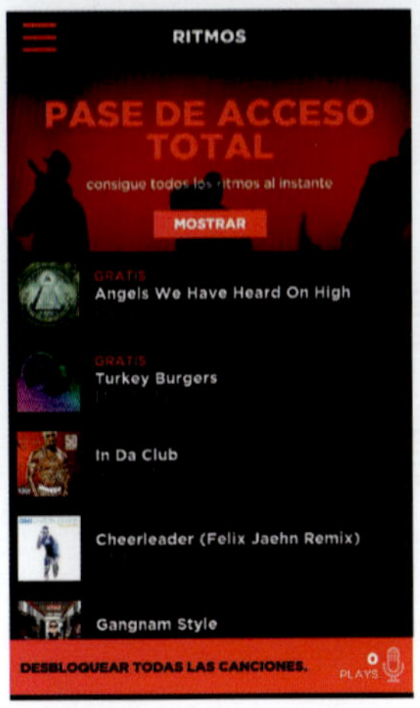

Figura A.5.

Figura A.6.

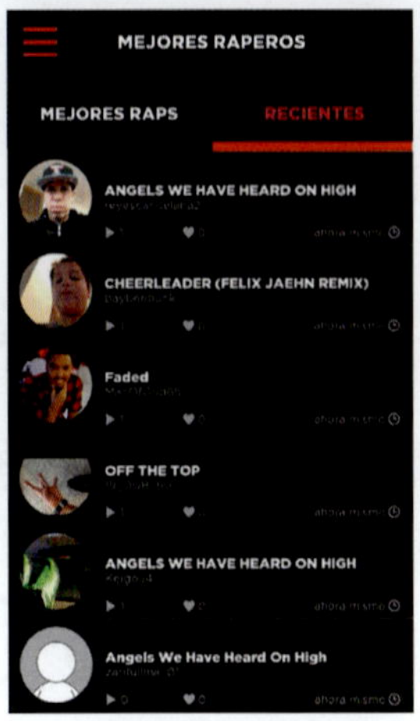

Figura A.7.

ACTIVITATS

1. A classe, el professor us proposarà que creeu un *rap* contra la violència masclista. Podeu treballar en grups reduïts per a crear un text en què es reflectisca el rebuig tant de la violència en general com de la violència masclista en particular. En la lletra s'ha d'advocar en favor del respecte a totes les dones i el seu dret a viure una vida digna i feliç. Una vegada escrit el *rap*, se'n farà l'enregistrament i la mescla amb l'app AutoRap. Finalment, s'escoltaran a classe tots els *raps*.

2.2. El Leer Música

El Leer Música és una app ben interessant per a practicar la lectura musical. Conté 25 lliçons que van augmentant de dificultat progressivament. L'app va llegint els fragments musicals per a poder seguir les lectures amb facilitat. A més de les lectures, l'aplicació també ofereix tasques i exercicis addicionals per a repassar cada lliçó (Figura A.8)

Figura A.8.

Per a utilitzar-la, només cal obrir l'aplicació, triar-ne l'idioma i accedir a les lliçons. A continuació, s'ha de seleccionar una lliçó o una tasca i se n'ha de fer la lectura musical seguint l'execució de l'app. En la captura de pantalla següent (Figura A.9), pots veure un dels exercicis que trobaràs en l'aplicació.

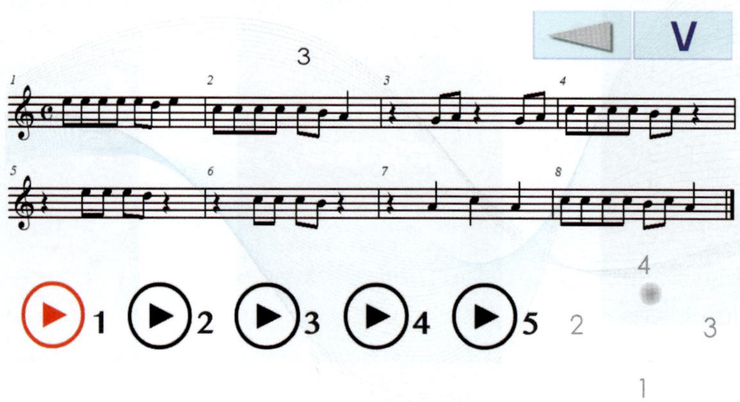

Figura A.9.

IMPORTANT

El Leer Música és una app gratuïta disponible per als dispositius amb sistemes Android.

PER A SABER-NE MÉS

El Leer Música ofereix lliçons i tasques per a aprendre a tocar el piano i la guitarra.

ACTIVITATS

2. El professor et proposarà la lectura d'un dels exemples musicals de l'app. Fes-ne la lectura amb atenció i, després, utilitza el teu dispositiu mòbil i l'aplicació Leer Música per a comprovar que l'has executat correctament.

2.3. El Maestro

El Maestro és una app ben pràctica per a escriure música. És molt intuïtiva: permet escriure partitures senzilles al mateix temps que s'aprenen continguts bàsics del llenguatge musical, com ara les notes, les figures i els silencis, el punt, les alteracions, etc. En les imatges següents (Figures A.10 i A.11), pots veure l'aspecte de l'aplicació i algunes de les funcions.

L'app Maestro permet canviar la tonalitat (Figura A.12), el compàs, la clau (*Sol* i *Fa*) i l'instrument, a més de desar les partitures dins de l'aplicació (Figura A.13).

Figura A.10.

Figura A.11.

Figura A.12.

Figura A.13.

2.4. El Musik Maker Jam

El Musik Maker Jam és una app per a crear la teua pròpia música mesclant ritmes i *loops* de diferents estils musicals. Inclou un mesclador de huit canals perquè la teua creativitat musical no tinga límits. Disposa d'una gran varietat d'estils; n'hi ha de gratuïts i d'altres que es poden comprar a un preu raonable.

Per a compondre música, es poden mesclar els diferents ritmes de bateria, el baix, l'acompanyament de guitarra, etc., de cada estil musical. L'app també permet enregistrar la veu, i editar el *tempo*, l'harmonia i l'estructura de la cançó. Els enregistraments es poden desar en l'app i publicar-los en altres plataformes d'Internet, com el SoundCloud i el Facebook, o posar-les com a to de telefonada.

El Musik Maker Jam és una app molt completa: a més de la varietat d'estils musicals que ofereix, inclou una comunitat d'usuaris en què es poden explorar les composicions d'altres artistes i interaccionar amb ells.

IMPORTANT

El Maestro i el Musik Maker Jam són apps gratuïtes. La primera està disponible per als sistemes Android, mentre que la segona pot operar també en iOS.

PER A SABER-NE MÉS

El Maestro ofereix altres utilitats per a la interpretació musical, com ara un metrònom i un diapasó que dóna la nota *si (B)*.

D'altra banda, el Musik Maker Jam inclou una comunitat d'usuaris en què es poden explorar les composicions d'altres artistes i interaccionar amb ells.

ACTIVITATS

3. A classe, el professor et proposarà la creació d'una melodia per a flauta en compàs de 3/4 que haurà d'incloure una certa varietat de figures i notes, i emprar també la nota *si* bemoll. Utilitza el teu dispositiu mòbil i l'app Maestro per a escriure la cançó, i desa-la per a ensenyar-la al professor a classe.

4. A classe, el professor et proposarà que crees una composició musical d'estructura i estil lliures per a un concurs de tons de telefonada per a mòbil. Una vegada creats els tons de telefonada amb l'app Musik Maker Jam, es farà una votació entre els membres de la classe per a decidir quin és el to guanyador.

! IMPORTANT

El Shazam i el Spreaker Studio són apps gratuïtes disponibles per als dispositius amb sistemes Android.

PER A SABER-NE MÉS

El Shazam ofereix llistes d'èxits actuals organitzades per estils musicals, tant d'Espanya com del panorama internacional.

D'altra banda, el Spreaker Studio disposa d'una web molt completa en què, a més de poder crear els teus programes de ràdio, trobaràs una gran varietat de podcasts organitzats per temàtiques, programes en directe, etc.

2.5. El Shazam

El Shazam és una app que identifica qualsevol música que sone al teu voltant i permet compartir-la en xarxes socials amb un sol clic. Funciona de manera senzilla: només cal obrir l'app, activar l'opció *Toca para Shazamear* (Figura A.14) i esperar que l'aplicació trobe la música que sona. Una vegada es mostren les dades de l'obra musical, es pot compartir en diferents xarxes socials i desar-la en altres aplicacions com el Dropbox o el Google Drive. L'aplicació, d'altra banda, va arxivant les teues recerques musicals (Figura A.15) i els temes es poden afegir a llistes de reproducció de Spotify.

2.6. El Spreaker Studio

El Spreaker Studio transforma el teu dispositiu mòbil en un estudi de ràdio. Es pot emetre en directe o enregistrar podcasts utilitzant la veu i diferents efectes de so que proporciona l'aplicació. És molt fàcil d'usar i molt intuïtiva: una vegada dins, s'accedeix a la zona d'enregistrament i se selecciona el tipus de transmissió (Figura A.16). A continuació, es comença a enregistrar, combinant la veu amb els diferents efectes de so i cançons o música que s'hi poden afegir en la secció *Playlist* (Figura A.17). Cada enregistrament queda arxivat en la secció *Pistas* per a poder compatir els podcasts i programes de ràdio en les xarxes socials Twitter i Facebook, i també en el YouTube i en l'iHeartRadio.

L'app inclou un xat en què podem contactar amb les persones que segueixen les nostres emissions en directe.

Figura A.14.

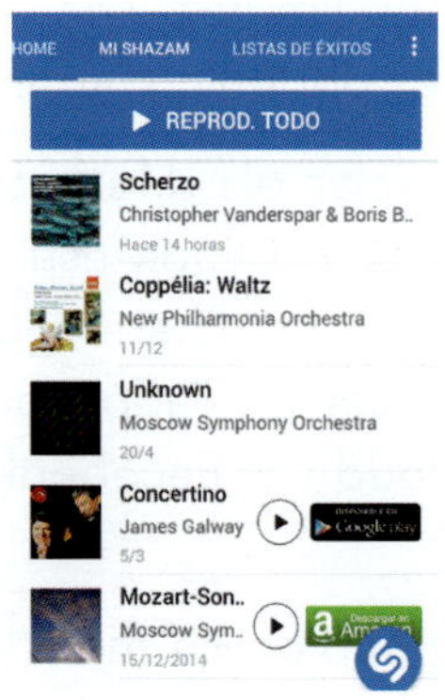

Figura A.15.

Figura A.16.

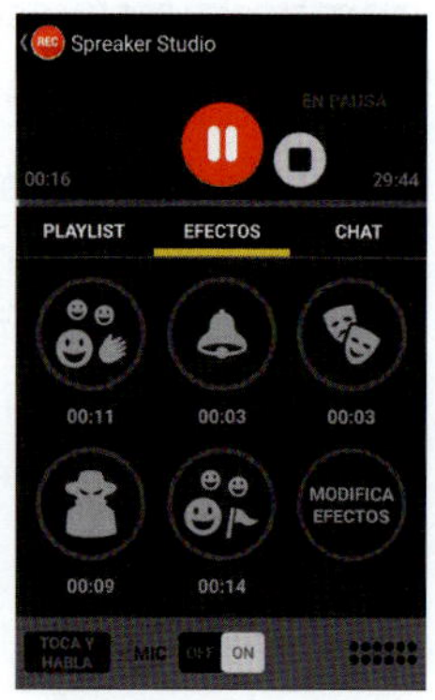

Figura A.17.

ACTIVITATS

5. El professor et proposarà que escoltes una cançó que no conegues. Utilitza el teu dispositiu mòbil i l'aplicació Shazam per a endevinar de quin tema es tracta i quin artista l'interpreta. Comparteix el resultat obtingut en la xarxa social que faces servir habitualment.

6. A classe, el professor et proposarà que crees una melodia publicitària (*jingle*). Abans d'enregistrar-la, hauràs d'elaborar un eslògan curt i apegalós a què posaràs una melodia senzilla. L'últim pas serà enregistrar-la amb l'app Spreaker Studio, combinant la melodia amb alguns dels efectes de so que ofereix l'aplicació.

2.7. El Walk Band

El Walk Band és un estudi de gravació que serveix per a compondre i enregistrar les nostres pròpies creacions musicals, i també per a tocar els diferents instruments (Figura A.18). L'app consta dels instruments típics d'un grup o banda de música: teclat (Figura A.19), bateria, guitarra, baix i caixa de ritmes. Per a practicar amb els instruments, només cal accedir a cada un i començar a tocar. Dins de cada instrument, hi ha diferents opcions: guitarra amb acords o puntejos, diferents estils musicals en la caixa de ritmes, teclat amb acords o amb tecles, etc.

Figura A.18.

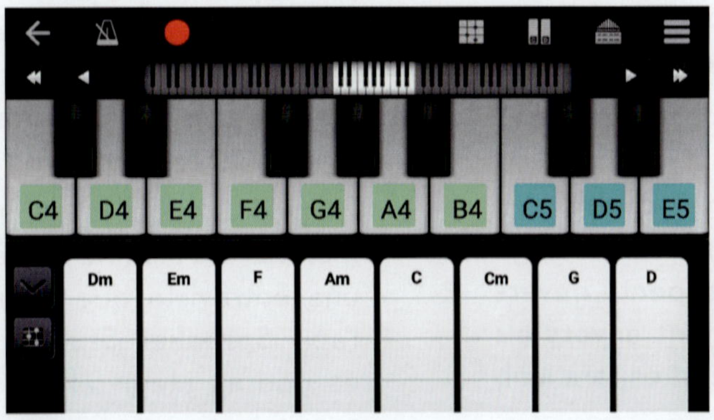

Figura A.19.

Per a crear una nova cançó amb aquesta app, s'ha d'accedir al *Sintetizador multipista*, fer clic en l'opció *Nueva canción* i afegir-hi el títol i les primeres configuracions (compàs, nombre de compassos i *tempo*). A continuació, s'hi han d'anar afegint els enregistraments dels instruments que hagen de formar part de la composició. Les captures de pantalla següents et poden ajudar.

Figura A.20.

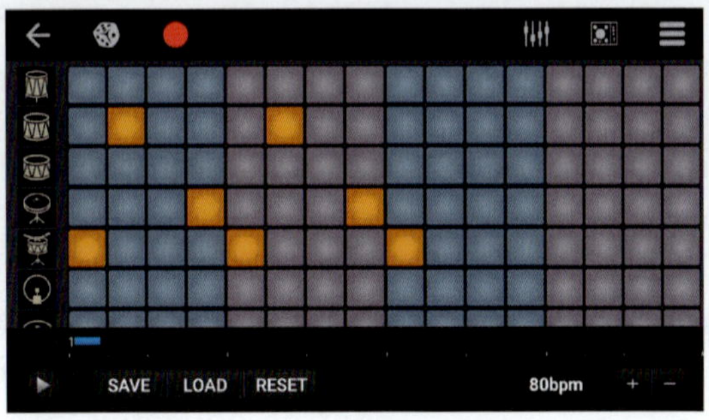

Figura A.21.

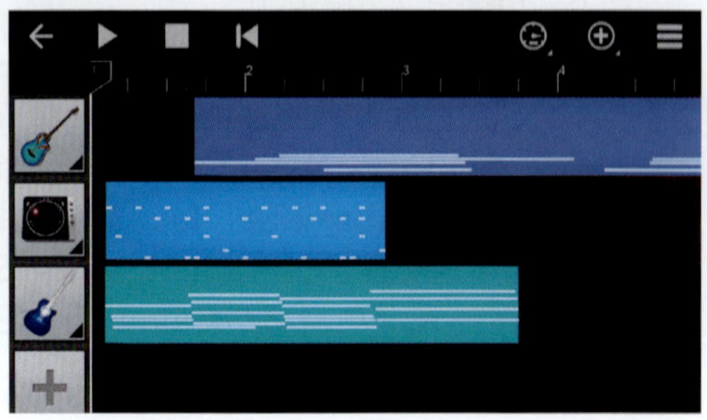

Figura A.22.

IMPORTANT

El Walk Band és una app gratuïta disponible per als dispositius amb sistemes Android.

PER A SABER-NE MÉS

El Walk Band ofereix un manual d'usuari ampli i ben pràctic. Està redactat en anglés, però conté nombroses captures de pantalla de les diferents seccions de l'app.

ACTIVITATS

7. A classe, el professor us proposarà que creeu una base musical en què haureu d'utilitzar els instruments següents: el baix, la caixa de ritmes i la guitarra (modalitat acords). Podeu treballar per parelles o en grups reduïts de tres alumnes. Una vegada acabades les composicions amb l'app Walk Band, les haureu de posar en comú a classe per a poder gaudir de la música creada per vosaltres mateixos.

CASOS PRÀCTICS

Ara posarem en pràctica el que hem aprés sobre algunes apps amb dos casos pràctics relacionats amb el tema del *bullying*. Com sabeu, l'assetjament escolar és un problema molt greu que, per desgràcia, té lloc diàriament als nostres centres educatius. Aquestes activitats us ajudaran a prendre consciència del problema i us donaran l'oportunitat de contribuir, amb la vostra creativitat, imaginació i sensibilitat, a aportar solucions a aquest problema.

1. **El primer cas que et proposem se centrarà en la composició d'un *rap* que llance un missatge a favor de la tolerància i el respecte envers totes les persones, especialment envers els companys de l'institut. L'activitat es farà amb l'app AutoRap.**

   Abans de començar a fer la composició, veureu el vídeo *Punto de no retorno*, de Carlos de Cozar (disponible en el YouTube), relacionat amb el tema, per a prendre consciència de la situació i del que realment és el *bullying* o assetjament escolar.

   Després, escoltareu un *rap* creat per un xiquet que va patir assetjament escolar i que va compondre una cançó que reflecteix l'angoixa patida per l'assetjament a què el van sotmetre. El podeu trobar en el YouTube, publicat per la usuària Andrea Curiel amb el títol *Britain's Got Talent 2014 | Bars & Melody | Sub Español.*

   Aquest *rap* us servirà com a inspiració, i també us conscienciarà encara més, si és possible, del problema de l'assetjament escolar.

   Finalment, treballareu per parelles per a crear les lletres del vostre *rap* en contra de l'assetjament. Una vegada tingueu les lletres escrites, les enregistrareu amb l'app AutoRap. Per a fer-ho, seguiu les indicacions que hi ha en la secció dedicada a aquesta app. A classe, es presentaran tots els *raps* creats, que es podrien publicar en la web de l'institut per a compartir-los amb altres alumnes i, així, començar una campanya contra l'assetjament escolar.

2. **El segon cas que et proposem se centrarà a demanar opinions sobre l'assetjament escolar i experiències personals que els membres de la teua comunitat educativa coneguen o hagen viscut directament o indirectament. Per a fer-ho, dureu a terme una sèrie d'entrevistes a diferents alumnes i professors.**

   Es podrà treballar per parelles o individualment. Cada alumne haurà de fer, com a mínim, una entrevista que haurà d'enregistrar amb l'app **Spreaker Studio.** En l'enregistrament, es podran afegir efectes de so o fragments musicals que s'adiguen amb el caràcter dels testimonis i de les opinions. Les entrevistes es podran publicar en la plataforma YouTube i, després, aplegar-les en una web per a continuar fent la campanya contra l'assetjament escolar.

Per acabar el projecte, es farà una valoració del treball, en què s'aportaran possibles solucions al problema. Per a il·lustrar aquest debat, es llegirà la notícia «Alumnos radares de los conflictos: Así logra un instituto atajar el acoso escolar», escrita per A. Larrañeta i publicada en el diari *20 minutos* el 28 de gener de 2016. En aquesta notícia es descriu com es prova de fer desaparéixer l'assetjament escolar en alguns centres educatius espanyols gràcies a l'ajuda dels «alumnes radars» o «alumnes ajudants».